The Literary Motherland

薛忆沩文丛

（新版）

文学的祖国

薛忆沩 著

生活·讀書·新知 三联书店 生活書店出版有限公司

图书在版编目（CIP）数据

文学的祖国：新版 / 薛忆沩著 . — 北京：
生活书店出版有限公司 , 2015.10
（薛忆沩文丛）
ISBN 978-7-80768-096-3

Ⅰ . ①文… Ⅱ . ①薛… Ⅲ . ①书评 — 中国 — 现代 — 选
集 Ⅳ . ① G236

中国版本图书馆 CIP 数据核字 (2015) 第 127512 号

责任编辑　肖　严
装帧设计　罗　洪
责任印制　常宁强
出版发行　生活书店出版有限公司
（北京市东城区美术馆东街 22 号）
邮　　编　100010
经　　销　新华书店
印　　刷　北京天宇万达印刷有限公司
版　　次　2015 年 10 月北京第 1 版
2015 年 10 月北京第 1 次印刷
开　　本　787 毫米 ×1092 毫米 1/32　印张 8.875
字　　数　130 千字
定　　价　39.00 元
（印装查询：010-64002717；　邮购查询：010-84010542）

目录

新版（2015年版）序言

《文学的祖国》首版于2012年，至今已经三年过去了。在这三年之中，我参加过许多次关于自己著作的读书和宣传活动，几乎在每次活动中，都会有读者带来这本书让我签名，并且告诉我，他们对这本书的好感。我在签名之前，总是会首先翻到书的第27页，在与书名同题的那篇文章最后一段开始的那句引语的最后加上了被编辑或者是校对删掉的“语”字。这是整本书中最重要的字。加上这个字之后，那句引语变成了“我的祖国是葡萄牙语”，也就是变得有点不通了。我想，这“不通”就是它最后被想当然地删掉的原因。但是，这“不通”正好是整本书的核心和生命。

这一字之差就足以成为修订的理由。而事实上，原版中还有其他的一些印刷错误和信息错误。还有一个问题，就是原版中有近一半的篇目并不是谈论文学。修订首先瞄准的就是这些问题。

但是真正进入修订过程，我才发现问题远不止这些。我又像从前一样盯住了每一篇、每一段、每一句甚至每一个字和每一个标点。不但增删了三分之一的篇目，而且对其中的许多篇目，我又进行了彻底的重写。

这修订和重写的过程让我自己学到了不少东西。我希望它也同样能够给我的新读者带来新的享受，也给我的老读者带来新的启示。

薛忆沩

2015年3月2日于蒙特利尔

原版（2012年版）序言

2006年到2007年之间，我同时为两家全国性的报刊（《南方周末》及《随笔》）和一家地方性的报纸（《深圳商报》）写了整整一年以“书”为本的专栏。这些被《随笔》杂志主编称为令人“耳目一新”的专栏作品引起了读者热烈的关注。其中的一些作品成为人们经常谈论的“名篇”，不少作品被选入《中国随笔年选》《文学中国》，以及包括《读者》在内的各种选刊。这三组专栏作品是这本书的主体。

这本书中还收入了上个世纪末发表在港台报纸上的一些作品，以及最近两年在《南方周末》等国内报刊上零星发表的作品和2010年年底在《深圳特区报》上开设的读书专栏中的主要作品。

这些作品的“出处”现在已经变得微不足道了，因为这些在首次发表之前已经精雕细琢的作品在进入这本书之前大都又经过了一丝不苟的重写。其中不少的作品甚至与原作已经判若两篇。

重写是一种奇特的经验：它见证时间的神秘、语言的微妙以及心智的执着与虔诚。我是一个不断重写自己的写作者。

我相信这些不断完成的作品会再一次给陌生和熟悉的读者带来“耳目一新”的感觉。

薛忆沩

2011年5月2日于蒙特利尔

第五幕第一场

首先上场的是两个乡下人。他们上场来为那个刚刚死去的人挖掘墓坑。

可是在开工之前，这两个掘墓人为死者是否能够用基督教的方式下葬展开了争论。这相持不下的“礼仪”之争只可能以一方的“下场”而结束。当哈姆莱特和他的朋友走到前台来的时候，舞台上只剩下了一个掘墓人。事实上，这个掘墓人也离开了观众的视野：他下到了墓坑里面，开始最后的挖掘。

哈姆莱特听到了他的歌声。他不理解掘墓人怎么能够如此轻松地对待这种与死亡唇齿相依的劳作。他的朋友认为是习惯导致了这种轻松。哈姆莱特不可能“习惯”自己突然需要面对的逆境，但是，他似乎也需要摆脱掉一直笼罩着他的沉重，由死亡带来的沉重。当随着掘墓人工作的节奏开始关于死亡的最后一轮思考的时候，哈姆莱特有点玩“死”不恭的味道。这表面的放松不仅没有分散他对目标的注意，相反，它让他能够更清醒地接近自己的使命。现在到了关键的时刻：他离他的成功只有“一篑”之差了。他已经不再犹豫。“生存还是毁灭”对他已经不再是一个问题。

掘墓人扔出来的第一个骷髅头骨好像是他第二段清唱的休止符。哈姆莱特用桀骜不驯的思绪来填补歌声之间的停顿。他开始想象死者生前的身份和生活。他要用死亡来揶揄生命。他要“粪土当年万户侯”。死者也许曾经是一个得心应手的谋士或者一个巧舌如簧的侍臣。可是，再高的心术和再深的计谋也不可能改变上帝最后的判决。这最后的判决将参差不齐的生命变成了毫无差别的尘土。

掘墓人的铁镐紧跟着王子的思绪。在第三段清唱的最后，它触到了另一个骷髅头骨。掘墓人将它扔出来，扔到了哈姆莱特的脚下。这一次，年轻的王子将死者想象为一个律师。他开始向这“成功人士”在世间一晃而过的声势和虚荣发起进攻。一个能够强词夺理的大脑最后也逃脱不了时间的腐蚀，也只不过是蚂蚁的美食。现世的繁华被死亡的魔力蒸发成过眼烟云。

两个从前的死者引起了哈姆莱特对即将下葬的死者的好奇。他与饶舌的掘墓人费劲地交谈起来。从交谈中，哈姆莱特得知墓坑的新主人是一个女人。这也是他从掘墓人那里获得的关于即将下葬的死者的唯一信息。紧接着，他们的话题无意中被哈姆莱特引到了自己的身上。掘墓人在回答他关于自己从业时间的问题时，居然扯上了年轻的王子。他说他是从哈姆莱特王子出生的那一天开始干这与死亡相依为命的营生的。这一定让还不知道自己已经濒临死亡的哈姆莱特感觉非常荒诞。接着，掘墓人还随口说出了王子的近况：他说年轻的王子已经精神失常，已经被送到英国去诊治。哈姆莱特真戏假做，顽皮地向掘墓人打听自己为什么要被送往英国去诊治，以及自己为什么会精神失常。掘墓人的第一个回答很风趣。掘墓人的第二个回答很机智。这是在戏剧高潮到来之前最后的轻松。

掘墓人挖出的老国王弄臣的头骨将悲剧拉回轨道。哈姆莱特突然停止了对生命刻毒的挖苦。他回忆起这个丑角给自己的童年带来过的快乐。面对曾经妙语连珠的故知毫无表情的头骨，年轻的王子充满了恐惧的想象。他又回到了关于死亡的沉重思考之中。他开始想象昔日那些所向披靡的帝王在坟墓里悄悄腐烂的模样。

好像是他的想象引来了国王、王后，以及所有的大臣。如此高规格的葬礼使年轻的王子终于意识到了即将下葬的女人的身份。她正是他为了自己的使命而不得不牺牲的爱人。他还来不及表白就已经被奥菲利娅兄长的误解触怒。他不假思索地接受了决斗的挑战，因此也就走近了在上一幕的最后就已经设下的圈套。正是这挑战使他得以完成自己的使命。正是这圈套使他的完成要付出最昂贵的代价。正是这付出使曾经为“生存还是毁灭”所困扰的王子最终与人类历史上最经典的悲剧重名。

年轻的王子在死亡之前不仅完成了关于死亡的全部思考，而且完成了对死亡的“实地考察”。这第五幕第一场是最经典的“结束的开始”。

写作者的“分身术”

写作者是魔法师，这近乎常识的隐喻凸显了写作的“非凡”特质。以“变性术”为例：人类历史上第一例成功的变性手术完成于1952年。而对文学史略有常识的读者会知道，早在1856年，也就是这医学奇迹发生将近一个世纪之前，变性的壮举就已经在写作中实现。“包法利夫人就是我！”福楼拜这样说。这惊世骇俗的爆料扫除了比原罪还要原始的男女界限，确保了文学想象的自由。

与“变性术”相比，“分身术”的难度就更高了。能否成功地将连体的婴儿或者成人分开，医学界至今也没有十足的把握。而要将正常的人体一分为二，让它们各行其是，不仅是技术上永远的难题，也应该是道德和法律上永远的禁区，医学专家们不会敢想，更不会敢做。但是，对于喜欢犯忌的文学家，“分身”只不过是“可能世界”中的一种普通的“可能”。他们不仅早已经“心想”，而且早已经“事成”。前者的例子，在孩提时代第一次听到马雅可夫斯基这个名字的时候，我就已经听说，激情的诗人在题为《列宁》的长诗中对伟大导师的工作压力充满了忧虑，想到了要用“分身术”来为他减负。而后者的例子以卡尔维诺的小说《一个分成两半的子爵》最为张扬。在那部建立在“分身”基础上的作品中，生活原本平淡无奇的子爵被炮弹一轰为二，平分的两半分别代表对立的善恶。它们在小说中短兵相接，你死我活。

这些都还只是有形的“分身”。写作者更依赖和更擅长的其实还是无形的“分身”。最伟大的文学家早已经用最伟大的文学作品实践了这一魔法。《哈姆莱特》是以父子关系为基石的悲剧。与它相关的一个经典问题也与父子关系相关：莎士比亚本人到底是哪个角色的原型，是那个一直犹犹豫豫的儿子（复仇者），还是那个始终忽隐忽现的父亲（受害者）？大多数人不假思索地认定是前者，因为他是悲剧中的主角。而在小说《尤利西斯》中，以乔伊斯本人为原型的史蒂芬却相信是后者。他提出了两点理由：从创作背景上说，这“国殇”似的悲剧来源于作者生活中的“家丑”（莎士比亚的妻子与他兄弟之间的暧昧关系）；从文本本身来看，悲剧和悲剧主角的名字（Hamlet）与莎士比亚唯一的儿子的名字（Hamnet）仅一字母之差（对很多人而言，这还是发音很容易混淆的字母）。我的看法是以上两种看法的对立统一。我认为，死于悲剧之前的父亲和死于悲剧最后的儿子都以莎士比亚本人为原型，因为“To be，or not to be”显然是困扰莎士比亚自己的问题，而向兄弟复仇也出自莎士比亚本人的义愤。毫无疑问，支撑了整个西方文学正典的大师在悲剧的写作过程中对自己施行了“分身术”。

父子关系同样也是《尤利西斯》的基石。乔伊斯用这现代派文学的“镇店之宝”继续先师的“分身”魔法。整个小说的时间设定在“六月十六日”。这是乔伊斯与他的妻子第一次约会的日子（现在也成了爱尔兰和全世界“乔粉”们的法定节日）。这一路标说明男主人公（也是小说中的“父亲”）布鲁姆的原型就是乔伊斯本人。但是，《青年艺术家肖像》的主人公史蒂芬也以“儿子”的形象出现在这部小说之中。而史蒂芬更是以乔伊斯为原型的人物，这几乎是现代派文学的常识。很明显，乔伊斯在写作过程中也同样对自己施行了“分身术”。

“分身术”在我自己的写作过程中也很重要。以我在台湾发表的两部长篇小说为例，《白求恩的孩子们》的叙述者是一位居住在蒙特利尔的中年中国学者。他的许多特征让包括我母亲在内的读者都将我“对号入座”。而我曾经在一次访谈中谈到自己是他的朋友扬扬——那个十三岁自杀身亡的孩子的原型。在“扬扬的妹妹”身上也可以看到我个人生活的影子。事实上，小说中这三个“白求恩的孩子们”中的典型人物都是从“我”这个原型中“分身”出来的。而《一个影子的告别》中那个形联神散的家庭里也有三个性格迥异的孩子：主人公X，他内向的哥哥W以及他外向的妹妹Y。XYW是我名字汉语拼音的简写。这是我的“分身术”。

变化莫测的“分身术”就如同魔幻的时空一样，为写作者提供了更多的自由。是这精神的自由让语言能够乘着想象的翅膀在“可能的世界”中自由地翱翔。

声东击西的精灵

对语言有了一点浅薄的感觉之后，难免会有许多“非分的”想法，比如会去想，一个用法语写作的作家为什么会有一个德语味道的名字?

你也许已经意识到了我想到的是Stendhal（司汤达）。

茨威格的“大师”系列作品的副标题是“对精神分类的一种尝试”。其中出版于1919年的第一册题为《三位大师》，分别谈论巴尔扎克、狄更斯和陀思妥耶夫斯基。随后的两册也依先例分别收录了三位大师。司汤达出现在1928年出版的第三册中。这一册的题目是《自画像的行家》。茨威格将这本还谈到了托尔斯泰的书“献给高尔基”。

每个“自画像的行家”的画像都由若干篇独立的文章

构成。“司汤达”中的第一篇文章使用了一个醒目的标题：《热爱谎言和迷恋真理》。对谎言和真理使用相近而不是相反的动词让这标题醒目。文章一开始，茨威格就试图调和谎言和真理天然的对立。他写道，几乎没有人能够像司汤达一样肆无忌惮地欺骗世界或者兴致盎然地戏弄生活；也几乎没有人能够像司汤达一样将真理揭示得那样深刻和那样透彻。他试图将“谎言”和“真理”统一在“司汤达”的名下。

接下来，茨威格首先揭发司汤达不计其数的谎言。在翻开他的作品之前，读者就已经进到了他布下的迷魂阵里。因为他作品的“作者”五花八门，却没有一个是真实的“自己”。那些作者中，最让他的法国同胞迷惑不解的当然就是最著名的Stendhal。这其实是一个普鲁士的偏远村庄的名字。这偏远的村庄因为这个精灵怪诞的恶作剧而获得了不朽的名声。同样，司汤达严肃地给出的日期和地址也总是与“事实”相去甚远，比如他号称“1830年完成于离巴黎1500公里之外”的名著其实完成于1839年并且完成于巴黎市中心。他还谈起过自己与拿破仑的长时间的重要谈话，但是到了下一卷，他又写道：“拿破仑不大可能与我这样的傻瓜交谈。”他最后的谎言刻在他的墓碑上。他在那里留下的是一个意大利人的名字，他称他是“米兰人”。这真可以说是“人之已死，其言也不善”。

不过，茨威格注意到，司汤达使用这种“万花筒似的变换”既是为了激起人们对他的兴趣，又是为了掩盖他真实的个性，为了让世俗的好奇心无法接近和危害他的“真身”。他没有被这无穷的变换困惑，也没有对没完没了的谎言泄气。相反，他在这变换和谎言中发现了大师对真理难以置信的热情：司汤达像热爱谎言一样迷恋真理。一旦拿起了笔，这位精灵一般的大师就获得了巨大的勇气。他会战胜羞涩的本性，突然撕去自己的面纱。他会自得其乐地去暴露常人“受尽折磨”也不敢显露的生命中的伤痕。他善于用谎言和真理这两种极端的武器去攻击世俗的道德规范。他用天赋的欺骗才能和坦诚气质打通了通往人类灵魂深处的那几条被封堵得最为严实的道路。

接下来，茨威格看到了谎言与真理的关系。小说是撒谎的艺术。只有成为这种艺术的大师，司汤达对真理迫切的需要才可能得到尽情的满足。茨威格写道，真理不会在每一个路口摆出姿势，炫耀自己的魅力，接受所有人的拥抱。正好相反，真理极为狡猾。它总是隐藏得非常巧妙：不容易发现，又很容易逃脱。司汤达一定知道，没有极度的警觉、极度的精细、极度的耐心和极度的敏捷，真理绝不会成为他的俘虏。他用谎言来与真理捉迷藏。他的天赋令世界捕获了关于灵魂的许多前所未闻的真理。

都德的“最后一课”

我准备谈论的是都德的“最后一课”，而不是他的《最后一课》。

这“最后一课”里的叙述者不再是一个不愿意上学的孩子。这“最后一课”里的入侵者不再是普鲁士的军队。这“最后一课”里的被占领土不再是实际的领土。这“最后一课”里坚定的信念不再是“法兰西万岁”。

都德的“最后一课”从一对希腊单词开始，它重申“遭受苦难是一种教育”。这条著名的希腊古训正好就是这“最后一课”所要传授的真理。都德的“最后一课”将通过“遭受”最经典的宾语来传授这一条真理。这最经典的宾语就紧接着古训出现在正文的第二段：

"你正在干什么？"

"我正在疼痛。"

正文的第二段由这揪心的问答构成。它带来的"疼痛"是"遭受"这个词最经典的宾语，也是都德"最后一课"的主题。剧烈的"疼痛"由当时的那种致命的病毒引起。作为"最后一课"里的入侵者，这致命的病毒所侵占的"领土"是授课者瘦弱的身体。都德本人就是这"最后一课"的授课者。他在留下的"教案"里这样表达他对真理的渴求："疼痛，你是我的一切。让我在你那里发现所有你不容许我涉足的陌生的疆域吧！你要成为我的哲学，你要成为我的科学。"

都德的《疼痛》是他一生之中最后的"作品"。这位著名的法国作家在被当时最著名的医生判处死刑之后开始有意识地探索疼痛"陌生的疆域"。他用只言片语记录下自己和别人遭受的剧烈疼痛，以及自己对这种遭受的观察和思考。他"不择手段地"将自己的死刑推迟了十二年。这十二年与"疼痛"相处的零星记录最后变成了一本五十页的小书，在都德去世三十三年之后（于1930年）出版。

经过英国著名作家巴恩斯（Julian Barnes）精彩的编辑和精细的翻译，这本书的英译本于2002年出版。通过时间的沉淀和语言的转换，都德的“最后一课”开始有了历史的感觉：巴恩斯将它重新命名为《在疼痛的疆域里》。

这“最后一课”分两节上完。在第一节课里，都德主要谈论的是自己的疼痛。课程的进度就是“疼痛”的进度。一开始，四十五岁的都德突然意识到自己被病毒侵占的身体已经超速进化（或者说超速退化）了二十年，抵达了“六十五岁”的腐朽状态。尽管他的大脑仍然清醒，他的感觉却“已经失去了锋芒”。更糟糕的是，这失去锋芒的感觉却仍然能够清晰地感觉到“疼痛”的分量。“疼痛”强有力地“渗透”进来了：“它进入我的视觉，它进入我的情感，它进入我的判断。”都德用颤抖的笔迹记下了“疼痛”的疯狂。

这疯狂的渗透使都德体会到了世态的炎凉。因为他发现，每一阵“疼痛”总是给它的遭受者带来“新奇的”感觉，而遭受者身边的人对他正在遭受的“疼痛”却很快就会习以为常。这种感觉上的差异带来了很深的孤独和很强的恐惧。遭受者只能在幻觉和阴影中寻找温情：“只有看到自己的影子，我才能够有信心地行走。”都德这样写道。

他还发现，“疼痛有它自己的生命。”这也许是对“疼痛”最人道的发现。“疼痛”这种与生命相冲突的存在贪婪地吸收着时间的营养，最后变成了蹂躏生命的“暴君”。都德模仿奥维德的诗句，用拉丁文控诉说，“疼痛对我的写作实行了专制”。这种“专制”大概是“疼痛”对一个写作者最深的迫害。都德只能靠注射过量的吗啡来与“专制”抗争。这种激烈的抗争带给他的当然只是转瞬即逝的宁静。

可是最后，他已经在身体上找不到注射的地方了。他的皮肤变成了“疼痛”广阔疆域的边界。他在这一节课的最后写道，他很想对他的孩子们大喊一声：“生命万岁！”……可是，他的生命已经被“疼痛”撕裂，他已经没有力量喊出这摇摇欲坠的真理了。与《最后一课》中那位庄重的法语教师不同，在这“最后一课”的最后关头，都德没有与那“万岁”的信念站在一起。

“最后一课”的第二节主要谈论的是别人的疼痛。都德来到了接待过许多文学名流的疗养胜地。在这更为广阔的“疼痛的疆域”里，他遇见了症状更为揪心的病人。他既是疼痛的遭受者，又是疼痛的观察者：他遭受着疼痛

“看着别人在遭受着疼痛”。这种双重身份并没有减轻都德对自己身体状况的关注。他像那个病情已经发展到双目失明的病人一样对光线失去了感觉。在他看来，所有的东西都是黑色的：“疼痛遮住了地平线，渗透了所有的事物。”而自己一步一步走下浴池的时候，他感觉就像是在走进“宗教裁判所的水牢”。不过，尽管他的病情已经超过了能够“帮助他认识事物”的阶段，他还是准确地认识到了只有在“疼痛”之中，一个人才是完全彻底的“自己”。

巴恩斯用他对这“完全彻底的”都德的精细注释，以及他精彩的导言和“后记”（一个关于梅毒的长注）扩充了都德发现的“疼痛的疆域”。在这个意义上，《在疼痛的疆域里》可以说是一位19世纪的法语作家与一位20世纪的英语作家的对话。与感性的《疼痛》相比，《在疼痛的疆域里》具备了历史的眼光和理性的分量。而巴恩斯的英式幽默又成功地减轻了历史和理性固有的负担。

都德是19世纪法国最耀眼的文学圈子中的人物，这是他令人羡慕的身份。同时，他也归属于19世纪法国的另一个“不那么令人羡慕的”文学群体：那个感染了梅毒的文学家群体。他在这两个群体中的位置都不是最为靠前的。在后一个群体中，他的前面还有三个更响亮的名字：波德莱尔、福楼拜和莫泊桑。不过，都德在这个群体中有明显的“特色”：第一，他起步最早，十七岁就感染上了这种当时的致命病毒；第二，他感染的地方不是生活的底层，而是社会的上层。它来自一个“有地位”的女人，它来得“出其不意”；第三，这病毒“大器晚成”，在都德的身体里潜伏了几乎三十年才“原形毕露”。这些特色令都德对这种平庸的病毒有许多神奇的反思。

都德的“最后一课”只是在呈现“疼痛”的共同的疆域，却没有去追究导致“疼痛”的特定的原因。巴恩斯非常欣赏都德没有在这“最后一课”落入道德的窠臼。这“最后一课”是文学课、科学课或者哲学课，而不是道德课或者政治课。这大概就是为什么一百多年之后，当导致都德疼痛的这种疾病已经在现代医学的眼中变得“没有一点意思”（巴恩斯引用的一位医生的话）的时候，这本关于“疼痛”的书读起来还是很有意思的重要原因。

爱情与肥皂

即使将他细腻和精致的写作放在一边，关于屠格涅夫，我们仍然有太多的话题可以去谈论。那些被重复过无数遍的话题都具有被“再重复”一次的潜力。比如我们可以重复屠格涅夫的“年轻”和“无聊”。这两个词是他对自己私生女的“来历”做出的解释。他在用法语写给他“唯一爱过并且永远爱着的女人”的信中，用这两个词来解释他与母亲请来的那个小裁缝之间的往事。他用收信人的名字称呼自己的私生女。他请求收信人为他收养这个孩子。

我们当然还可以重复收信人的丈夫。他的身份可以用他年轻妻子（她比他小二十岁）的盛名来定义。屠格涅夫首先结识了他。不久之后，他才在歌剧《塞维尔的理发师》里第一次见到了他名副其实的妻子。他在写给他的第一封信里这样写道："关于您妻子的声音，'华丽'还不足以为赞誉。在我看来，她是世界上唯一的女高音。"他从此爱上了这位并不漂亮但是气质非凡的女性。这种终生不渝的爱情竟没有妨碍他与他爱人的丈夫之间的友情。这两位情"友"之间的友情持续了整整四十年。他们在精神上的接近掩盖了他们在生理上整整一代的差异。他们一起翻译了许多的作品。他们一起打发了许多的悠闲。而死亡最后又进一步将他们拉近：屠格涅夫曾经在病床上哀叹，他应该随他的这位朋友一起离去，而不是继续深受等待的折磨。他在朋友离开三个月之后才等到了死亡的"惠顾"。

我们当然更可以重复他"永远爱着的女人"。这位二十岁就已经享誉欧洲的超级明星不仅收养了屠格涅夫的私生女，而且"收养"了屠格涅夫本人。她的家庭将他当成家庭中的一员。他们经常一起出发，然后一起回家。她目睹了这个文学天才全部重要作品的诞生（准确地说，应该是她助产了所有的这些作品）。她又是屠格涅夫临终之时陪伴在他身边的女人。关于屠格涅夫（从他的青年时代一直到他临终之前）的不少出名的素描作品都出自她的画笔之下。她用这"沉默的声音"记录下了她眼睛里和心灵中的文学天才瞬间的神情。她的画笔令“永远爱着”她的人在无限的未来栩栩如生。

我们当然还可以重复他与托尔斯泰之间的纠纷，重复他临终前对同时代的大师最后的倾诉：“我的朋友，回到文学中来吧。”他吁求他的朋友不要在哲学和思辨中耗费了罕见的天赋。死亡已经迫在眉睫的屠格涅夫显然是想用这最后的倾诉“尽弃前嫌”。而他还将在世界上继续生活二十七年的“朋友”没有写下他内疚地等待着的回信。

我手上的这本传记重复了所有的这些内容。传记作者之前出版的《契诃夫》和《托尔斯泰》已经被称赞为是“经典的”传记作品。这本1988年翻译成英文出版的作品也很受欢迎。一篇出名的书评称，合上这本精彩的传记，读者一定会想去“打开或者重新打开”更为精彩的屠格涅夫。

传记刚开始不久，屠格涅夫在福楼拜家里给朋友们讲起了自己青年时代的一个恋人。那个磨坊工人迷人的妻子从来没有向屠格涅夫索要过任何东西。但是，有一天，她突然向他提出了要求。她说：“你应该给我一样东西。”

她要的东西开始让屠格涅夫不得其解。她要的不是“名分”，不是“卢布”，也不是“永远”。她要屠格涅夫给她一块肥皂。她要的只是一块肥皂。

接过肥皂，磨坊工人迷人的妻子匆匆跑开了。但是很快，她就又跑了回来。她羞涩地伸出自己刚刚洗干净的双手，羞涩地说："像亲吻圣彼得堡客厅里的女士们的手一样亲吻我的双手吧。"

屠格涅夫告诉他的朋友们，那是他一生之中最珍贵的时刻。

他没有满足自己的恋人发自内心的请求。他扑通一下跪到了地上。他充满感激地亲吻起了自己的恋人沾满泥土的双脚。

文学的祖国

如果我能够从一本书里面引出如下的一些句子，我引用的是哪一本书？

我深信，语言是我周围的世界混乱的根源。

口语好像是暴雨，书面语言则似乎是缓慢移动的白云。

人们以死亡来雕琢历史。

时间将我分析成一些基本的元素。我用这些元素组织起一个混乱的世界。这个世界中有一颗骚动不安的心。我假定那是我的心。

在我感到寂寞的时候，我进而感到自己是唯一的实在。

我无时无刻不在犹豫。我就是犹豫。

每个人都是死亡的候选人，而且都是一定能够最终获胜的候选人。

如果我能够从一本书里面引出如下的一些句子，我引用的会不会是同一本书？

去思想就是去毁灭。

我靠近的每一个柔软的事物都用锋利的刀刃刺伤我。

我已经悄悄地见证了我生命的逐渐瓦解，见证了我想成就的一切缓慢的隐没。

我写作就像我记账一样，细心又冷漠。

对我来说，世俗的爱是平淡的，它只能提醒我失去了什么。

我在很大程度上就是我写的作品。我将自己在句子和段落中展开，我给自己加上标点。

我感觉如此无聊，我的泪水几乎都要涌出来了：不是那种会流下来的眼泪，是那种会留在内心深处的泪

水。那种泪水起因于灵魂的病症，而不是肉体的疼痛。

这两组引文来自两本不同的书。其中第二本书的主体是一部由481个片段组成的“没有事实的自传”。作者将这部作品的著作权转让给了里斯本的一位助理簿记员。这个虚构的人物用作品的第一句话告诉我们，他“出生在一个大多数年轻人已经不信仰上帝的时代”。而第一本书的作者称他的作品的主体部分是一个自愿失业的“业余哲学家”留下的日记。这位“业余哲学家”的一封短信出现在作品的开始。他在信中这样写道：“作为我们这一代人中的一个例外，我只有在消失中才能够感到完美。”这个“虚构地”生活在20世纪末期的中国人与那个“虚构地”生活在20世纪初期的葡萄牙人在性格和思想上有许多的相似之处。

翻读佩索阿的《焦虑之书》(*The Book of Disquiet*)，我想起了我的《遗弃》。佩索阿曾经借用他的虚构人物的名字发表自己的一些诗作，而我也将自己在1988年前后写下的那些没有人能够理解的短篇小说慷慨地转让给了虚构的“业余哲学家”。这种转让使我不得不在一篇文章中佩服我的虚构人物比我自己“更高的”文学才能。看到这虚构的人物将我疯狂地写下的那些作品冷漠地安插在自己的日记里，我感到过难忍的嫉妒。我的这种感觉显示出我并没有能够借助写作来完全忘记自己。而《焦虑之书》的英译者在他漂亮的导言里告诉我们：最早忘记了佩索阿的是佩索阿自己。

但是，我们不能够像佩索阿一样忘记佩索阿。这个孤独的葡萄牙人靠翻译商业文件维持他简单而短暂的生活。他没有复杂的社会关系，对世俗的“爱情”更是或许从来没有过“体”验。像同时代的卡夫卡一样，他生活在灵魂的“城堡”里。这“城堡”的遗迹被语言保存下来。当我们以阅读的名义闯入这神秘的世界，我们会看到无数的镜子，我们会从这无数的镜子里看到无数的自己。

“我的祖国是葡萄牙语！”里斯本的那位助理簿记员这样写道。这显然也是佩索阿自己的声音。

语言是文学的祖国。这祖国蔑视阶级的薄利、集团的短见以及版图的局限。这是最辽阔的祖国，也是最富饶的祖国。

“大地”的回报

在整个20世纪之内，只有一个人会用两种相去甚远的语言对刚刚获悉的诺贝尔文学奖的消息做出如此消极的反应：这个人首先用汉语说“我不相信”，接着又用英语说“这太荒唐”。这“双重”的否定是对那一年诺贝尔文学奖的第一反应，是获奖者本人的反应。

像许多年以后还对那个消息义愤填膺的许多人一样，获奖者也马上想到了另外的结果，那不“太荒唐”的结果。她的双重否定以虚拟的语气相接：她说这个奖项“应该”授予德莱塞。这种谦让无意中暴露了谦让者文学趣味的水准：她欣赏的是山丘，而不是巅峰。她不可能想到已经写出了《尤利西斯》和《芬尼根的守灵夜》的乔伊斯。她不可能想到那位两年之后就会离开人世的天才将让世间最高的文学奖蒙受永远的羞愧。

所有的“应该”其实都只是一种偏见，正像任何一种评选结果一样。当“结果”的偏见与“应该”的偏见相冲突的时候，“结果”往往能够传达更准确的信息。

这位消极的获奖者得到的不是抽象的“诺贝尔文学奖”，而是具体的“1938年的诺贝尔文学奖”。将焦距调对得更准确一点，我们马上就会发现这备遭非议的评选结果其实正好与当时风声鹤唳的国际局势相匹配：在欧洲，希特勒和墨索里尼的队伍正整装待发，而他们支持的佛朗哥也已经在西班牙内战中占据主动；在亚洲，已经占领了华北平原以及中国所有沿海城市的日本军队继续保持旺盛的攻势，将铁蹄伸向了长江的腹地。“自由”这一文学所代表和捍卫的基本理念在世界范围内遭遇到了强悍的敌人。在这风雨飘摇的时刻，热爱和平的瑞典人将注意力从文学象牙塔的塔尖上移开，投向人民群众的汪洋大海，这实际上是对时局的一种本能的反应。他们希望从他们偏僻的讲台上发出和平的声音，他们希望用自己的选择来表达他们对自由的捍卫和对被奴役者的同情。1938年的诺贝尔文学奖正是怀着这样的希望选择了赛珍珠。通过她铺天盖地又通俗易懂的写作，这位与中国关系密切的美国公民在国际舞台上成了自由的代言人。

在初版于1954年的自传《我的几个世界》中，赛珍珠正是从中国的局势谈到了她1938年的瑞典之行。这种叙述方式认同了上面这种关于她的获奖的历史唯物主义的诠释。她首先谈到了西安事变以及将近两年的国共合作，然后谈到了联合抗日的双方对战争结果的不同期待。她显然对自己获奖的历史背景了如指掌。最后，她将自己对中国局势的分析锁定在一个具体的时间单位里：“这就是在1938年11月中国人所面临的处境。”她这样总结说。

这个总结具有承前启后的作用，紧接其后的一个自然段只有一句轻描淡写的话：“在那同一年的同一个时候，我正在瑞典，我去那里接受诺贝尔文学奖。”这简洁的段落显示出赛珍珠准确地知道自己能够登峰造极的“所以然”。

“那同一年的同一个时候”将还很年轻的诺贝尔文学奖与古老的中国牢固地捆绑在了一起。

她没有再去纠缠自己应不应该得奖的问题，因为她第一位获得那顶桂冠的同胞对她进行了切身的心理指导。在赛珍珠前往斯德哥尔摩之前，同样被公认为玷污了诺贝尔文学奖的辛克莱·刘易斯这样告诫她：“不要让任何人低估你的获奖。这是一个重大的事件，是一个作家一生之中最大的事件。去享受它的每一个瞬间吧，它将成为你最美好的记忆。”

一路上，赛珍珠牢记着自己这位同病相怜的同胞的告诫。她置知识精英们的非议和挖苦于不顾，不亢不卑地享受着“太荒唐”的盛名带来的每一个瞬间、每一阵神奇。

与践踏自由的暴力做斗争是这种享受中的一部分。她拒绝了纳粹德国的邀请，因为她不想访问一个不允许她自由思考和畅所欲言的国家。“我是一个个人主义者和民主主义者。”她这样告诉尾随她的记者。而她关于中国的言论更是桀骜不驯，如雷贯耳。她说处于民族存亡关头的中国最需要的是一个深得人民信任的强大的中央政府，但她不相信这样的政府能够在蒋介石的领导下形成。她还批评当时的中国政府里许多（如果不是所有）的官员都贪污腐化，而且绝大多数官员都毫不关心人民的生活和福利。这如果不算是“赤化”宣传，至少也是左倾言论。作为“回报”，驻瑞典的中国外交官员拒绝出席历史上这第一个与中国有关的诺贝尔奖的颁奖仪式。

在费正清出版于1982年的著名自传第253页上，我还读到了另一次更后来的"回报"。那已经是她领奖十年之后的事情了。正在美国访问的宋美龄对赛珍珠当年的反蒋言论仍然耿耿于怀，而对赛珍珠刚在《生活》杂志上发表的对蒋介石政府的批评更是恼羞成怒。她用非常滑稽和"小气"的方式对赛珍珠进行了羞辱和报复。

赛珍珠将她领取诺贝尔文学奖时的发言收在《我的几个世界》之中。这简短的发言共分为三段。第一段是简短的客套。在稍长的第二段里，赛珍珠突出了自己"美国女性作家"的特殊身份。这身份中的性别特征很有分量，因为直到半个多世纪之后，才有另一位同一性别的美国作家站到了同一讲台上（对文学而言，托尼·莫里森的获奖那当然是毫无争议的结果）。而在最长的第三段里，赛珍珠将自己的身份进一步"特殊化"：她突出了她与中国的关系，她让全世界知道她是与中国息息相关的美国人。这应该是很难在诺贝尔文学奖的领奖台上再现的特殊身份。通过这极为特殊的身份，对中国的爱第一次回荡在举世瞩目的文学圣殿里：

> 如果不以我个人的方式提到中国人民，我就还不是真正的自己。在过去的那么多年里，中国人民的生活也就是我自己的生活。而他们的生活也将永远都是我自己生活的一部分。领养过我的中国与我自己的国家有许多心理上的一致之处，其中最突出的就是对自由的热爱。今天，当整个中国正在从事人类最伟大的争取自由的斗争的时候，我们更能够看清楚这一点。我从来没有像现在这样更加敬佩中国。现在，中国人民正团结在一起反击威胁她的自由的敌人。有了这种对自由的决心（这决心深深地扎根于她的本性之中），我知道，她是不可战胜的。

其实，赛珍珠的自传里充满了对中国的敬佩。比如她将一篇她三十岁时发表的随笔收在自传之中。她用这篇题为《中国的美》的随笔极力为“中国的美”进行辩护。她说中国的美是一种需要更多人去发现和欣赏的内在的美和古典的美。而她关于梅兰芳的回忆片段也提到了大师性格中“内在的尊严”，她认为那是大师艺术魅力的道德基础。

“太荒唐”的荣誉使赛珍珠有机会将这种令她陶醉的

中国的美展现给更多的听众。按照惯例，获得诺贝尔文学奖的作家要在领奖的第二天做一个正式的演讲，讲述自己文学的渊源。这位在中国生活过四十一年的四十六岁美国人的文学来自何处?

赛珍珠演讲的题目是《中国的小说》。这篇根据她在南京大学任教时的讲义扩充而成的讲稿后来以同样的题目，加上了“诺贝尔演讲”的副标题，单独成书出版。

演讲一开始，赛珍珠就肯定地指出，“是中国小说而不是美国小说”塑造了她的文学之路。接着，她侃侃而谈，从汉代的笑话、唐代的传奇一直谈到了明清的经典，特别是她自己翻译过的《水浒传》。她说中国文学虽然没有留下像西方那样耀眼的小说作家，却留下了与西方的成就同样伟大的小说作品。她说中国的小说不是那种可以用西方标准来衡量的、由孤独的艺术家创造的精致的艺术品，但是，它却有极为粗壮的生活之根：它来自于人民，它服务于人民，它属于人民。“就像中国小说家一样，我接受了这样的教育：我要为人民写作……人民对故事有最正确的判断，因为他们的感觉未被磨损，他们的感情不受拘束。”她在演讲的最后这样自豪地表白。这是她充满感情的知恩图报。

赛珍珠曾经被世界上最大的社会主义国家分类到“无产阶级作家”之中。她关于自己写作立场的这种表白也许就是这种分类的凭据。这种表白马上让我想起了比她晚一年半出生的那位20世纪中国历史上最重要的人物。就在赛珍珠这不为中国人民所知的演讲三年半之后，他发表了对中国的文学艺术影响极为深远的《在延安文艺座谈会上的讲话》。赛珍珠的演讲与毛泽东的“讲话”经殊异的道路而同归于“人民”。这是偶然的巧合，还是时代的必然？

我想象不出赛珍珠通俗的声音当时会在瑞典的大雅之堂上引起怎样的反响。许多年之后，由瑞典皇家学院包办的她与诺贝尔文学奖的“结合”仍然是西方知识精英们的笑料，并且仍然为广大的中国人民所不知，为众多的中国同行所不齿。她“通俗”的声音与左右之源都无法相逢。

赛珍珠的自传出版于1954年。这对她是一个意味深长的年份：她离开领养过她的中国已经整整二十年了。这对美国同样也是一个意味深长的年份：甚嚣尘上的麦卡锡主义终于走到了穷途末路。麦卡锡的主要目标拉迪莫尔（Owen Lattimore）是赛珍珠相知多年的朋友。她在自传中再现了她与拉迪莫尔夫妇20世纪30年代初在北京的见面，并且提及那位天才的东亚学者后来帮助蒙古的宗教领袖逃离极权统治等轶事。自传出版前三年，麦卡锡并没有能够成功地给拉迪莫尔戴上“头号苏联间谍”的帽子，赛珍珠完全没有必要用自己的回忆来为他做证。但是，她没有放弃这样的机会。她平缓的讲述再现了曾经在听证会上与不可一世的麦卡锡针锋相对的拉迪莫尔的人格魅力。

赛珍珠接下来的生活最好是从她的那本“文化传记”中去打探。这部出版于1996年的传记史料翔实、立场端正、叙述稳健。它为赛珍珠前六十年的生活补足了盘根和错节。而作者康恩（Peter Conn）最大的贡献是让我们看到了他的传主最后二十年的生活：穿过无休无止的误解，赛珍珠最后的生活继续笼罩在历史的迷雾之中。

她的畅所欲言令她在自己的国家腹背受敌。她因为对国民党政府贪污腐化的批评而受到了她那些敌视“共产主义”的朋友的冷遇；她又因为对“共产主义”持“不同政见”而遭到极左派知识分子的唾弃。她因为积极参与民权运动，反对种族歧视，反对性别歧视，反对战争等，从而成为自由主义的代表、女权运动的先驱。在1969年一项权威的民意调查中，她被列为美国十大杰出女性的第八位（并且是仅有的两位纯粹靠“自己的努力”，而不是靠丈夫的势力进入那个名单中的女性之一）。可是与此同时，她的行为却又引起了官方的警觉和民众的敌视。她的FBI档案因此越积越厚，将她的作品从公共图书馆的书架上清除出去的呼声也不断高涨。

这个在政治上极有争议的人物却是一个无可争议的好母亲。她带大了她自己“永远不会长大的”弱智的女儿。她发表于1950年的长文《永远不会长大的孩子》激起了包括“背负着同样的十字架和忧伤”的戴高乐夫人在内的、成千上万母亲的强烈反响，进而撼动了西方社会对弱智以及其他心理疾病患者历来的歧视（她将这篇长文单独出版后得到的丰厚版税全部捐给了她资助多年的弱智儿童学校）。同时，她还领养过七个孩子。而由她创办的领养儿童的著名机构“欢迎之家”多年以来已经为世界各地成千上万无家可归的孩子们找到了新的生活和意想不到的未来。

她在腹背受敌的窘迫下也没有掩饰过她对中国一贯的热爱。这种热爱在20世纪60年代的美国几乎是一种罪过。

而在她出版于1961年的《过路的桥》——一本关于她在日本的经历的书——的第1页上，读者就会看到她对仇恨的断然拒绝。“我拒绝称它（中国）是敌对的国家。”她这样写道。她说在她的记忆中，中国的人民“太善良”，中国的土地“太美丽”。

她总是提醒她的读者和听众不要忘记她在中国生活的时间比她在美国生活的时间还要长。但是，随着岁月的流逝，她对这句话的正确性却越来越没有信心了，因为她极为健康的身体状况很可能会打破她引以为豪的这种生活的“逆差”。正是在这个时候，变幻莫测的国际局势又让她看到了维持这种“逆差”的希望。尽管她已经七十九岁了，她仍想（比如以记者的身份）加入尼克松“破天荒”的代表团。如果如愿以偿，她可能是代表团中唯一可以将那一趟历史性的出行称之为“回家”的人。她频繁地用电报向周恩来总理和其他中国领导人提出申请。同时，她又求助于包括尼克松在内的美国政要。但是，她再一次左右都无法逢源。

在尼克松改变世界的中国之行结束三个月后，赛珍珠才收到新中国政府对她的签证申请的答复。从中国驻加拿大的外交机构中寄出的答复由一位低级官员签署。他这样写道：你的所有信件都及时收到了。考虑到长期以来你在作品中对新中国人民和领导人所持的歪曲、丑化和污蔑的态度，我受权通知你，我们不能接受你访问中国的申请。

这位早在1933年就被20世纪最伟大的中国作家断定对中国的了解只是“不过一点浮面的情形”的“美国女传教士”，在几乎四十年之后又被进一步定性为是“革命的敌人”，被领养过她的“大地”拒之于万里之外。

顺便提一句，赛珍珠举世闻名的代表作被译为《大地》，丢失了英文原名*The Good Earth*中的“好”处和“善”意。我不知道赛珍珠本人对这个译名是否满意。但是我知道她对原名中的形容词极为在意。1939年，英国诗人奥登和作家伊舍伍德出版了以他们前一年在中国抗日前线考察的经历为主线的游记《走进一场战争》。赛珍珠对两位英语世界的文化精英用英国式的幽默谈论中国正在遭受的苦难非常不满，对他们将她热爱的“大地”戏称为“The Bad Earth”（糟糕的大地）更视为一种冒犯。她猛烈地抨击了那部影响很大、但在她看来却不够严肃的精英游记。

能够让赛珍珠对新中国“里面的情形”进行深入了解

的道路被完全堵死了。中国只可能存在于她的记忆中，而不可能再现于她的视野里。或者换一种说法：对赛珍珠来说，中国永远只是那个令她倾倒的“古典美人”，而不可能是那个令她疑惑的“现代巨人”。

在被中国拒签十个月之后，赛珍珠孤独地离开了人世。死亡也许是能够保持赛珍珠引以为豪的那种“逆差”的唯一的方式：她在中国生活的时间长于她在美国生活的时间。

没有将她纳入历史之行的尼克松用“东西方文明之间的桥梁”为她盖棺定论。这座“桥梁”的建筑风格基本上应该是中国式的，正如赛珍珠为自己设计的墓碑。那座墓碑上没有出现她家喻户晓和登峰造极的英文名字，而只留下了她备遭冷遇和羞辱的中文名字。她好像只想像一个中国人一样回归“大地”。

其父与其女

在第一次（1910年）随父亲回美国的漫长旅途中，这个在中国长大的“害羞的女孩”与她的父亲之间有一次对那个年龄的孩子来说似乎显得早熟的交谈。她不理解自己的祖国（美国）为什么也会被包括在“列强”之列，受到第二故乡（中国）的人民铺天盖地的仇视。她辩解说，美国并没有像那些强霸的国家一样在中国圈立租界，美国又将庚子赔款用来资助中国的学生，美国还在中国建立了那么多的医院和学校，还为遭受饥荒的中国灾民提供了那么多的救济……

听完女儿的辩解，父亲心平气和地说：“永远不要忘记美国传教士并没有接到过中国人民的邀请。我们只是凭着自己的责任感来到了这里。因此，中国人民并不欠我们什么。我们为他们做了许多好事，那只不过是尽了我们自己的义务……我们的国家没有租界，可是别的国家在圈立租界的时候，我们什么话也没有说。何况，我们也的确从不平等的条约中得到了好处。我不认为我们可以逃脱最后的清算。”

这位在女儿的眼里像是“一座冷漠的纪念碑”的父亲就这样将自己害羞的女儿带到了更深的羞愧之中。这烙印在灵魂深处的羞愧会让她更理解她热爱的大地和人民，并给她的写作留下永不磨损的标记。

赛珍珠的小说没有激起我的敬意，但是她的传记却引起了我的兴趣。她的自传《我的几个世界》出版于她彻底离开中国二十年之后的1954年。这个在中国生活过四十年并且“因为中国”而站到了诺贝尔文学奖领奖台上的美国人（尽管这是颇遭非议的获奖）为我打开了可以同时观赏“几个世界”的窗口。

她用不少的篇幅谈论她童年世界里的那“一座冷漠的纪念碑”。她说，直到长大了以后，她才开始慢慢地欣赏她的父亲。而在父亲七十岁以后，她才彻底发现了他的魅力。“是我而不是他的错让我们要等到这个时候才能够互相理解。”她这样写道：“从前，他不知道怎样接受我的世界，我也不知道怎样进入他的世界。我们不得不一起长大和成熟。”成熟的赛珍珠很高兴自己的父亲活到了他们“能够互相理解的年纪”。

在自传的后半部分，死去多年的父亲又有一次极为隆重的出现。他出现在赛珍珠从年迈的瑞典国王手上接过诺贝尔文学奖的一刹那。“在那一刹那，我看到的不是国王的面孔，而是我父亲的面孔。”她在自传中“首次”公开了她十六年前的那一次魔幻般的奇遇。她说，甚至就连国王伸过来的手都与她父亲的手极为相像。当时她大吃一惊，几乎忘记了在领奖之后要“退回”座位（而不是背对着国王走回座位）的礼仪。父亲在如此特殊的瞬间的复活给忐忑不安的赛珍珠带来了巨大的安慰。

赛珍珠在性格和体格上都与她的父亲非常相像。谈到她自己缺乏幽默感的时候，她的传记作者曾经这样类比：“她仍然是她父亲忠实的女儿，固执地相信严肃的问题必须严肃地对待。”

在她出版于1961年的一本书的最后，类似的幻觉再次出现。赛珍珠误以为冥冥中听到的一段神圣的声音来自她埋葬在“中国正中心的一座山顶上”的父亲。而在那本书的扉页上，她引用了瓦莱里动人的诗句：

> 我只想躲避在自己的心中
>
> 在那里，我可以尽情享受对他的爱

像她的父亲一样，赛珍珠的一生充满了对中国的爱。然而，她尽管活了很长的时间，却没有活到能够与中国“相互理解的年纪”。这当然不是“她”的错。她一直对这种“相互理解”充满了幻想。这幻想刻凿在她为自己设计的墓碑上：她没有在那里留下她的英文名字。在寂寞的死亡之中，她不再是西方世界里家喻户晓的Pearl S.Buck，而只是在第二故乡默默无闻的“赛珍珠”。

鲁迅与诺贝尔文学奖

1927年的春天，瑞典学者斯文·赫定率领他的远征队再次来到北京，准备深入蒙古、新疆一带进行大规模的实地考察。北京学术界对北洋政府无条件地应允这次考察表示强烈不满，专门组成中国学术团体协会，与各方交涉，最后达成了共同创建“西北科学考察团”的协议。据黄烈先生在《黄文弼蒙新考察日记（1927—1930）》一书前言中的介绍，这项协议的内容包括中外团长共同负责考察团的工作；中国团员负有维护中国主权利益不受损害的责任；中外团员的采集品均归中国所有；全部经费由斯文·赫定负责筹集等。负责这次交涉的北大教授刘半农戏称这是“翻过来的不平等条约”。

西北科学考察团于当年5月8日中午离开北京。四个月后，刘半农托鲁迅的好友台静农给鲁迅写信，说赫定在北京时曾与他商议，拟提名鲁迅为诺贝尔文学奖的候选人。他们希望了解鲁迅本人对这件事的意向。从时间上看，赫定和刘半农想提名的当然不是1927年的诺贝尔文学奖。台静农的信是9月17日写的。这时候，“西北科学考察团”正行进在北纬40度至42度与东经100至104度范围内的巴丹扎兰格沙漠里。而已经认定“南方没有希望”的鲁迅则正在广州西堤的寓所里，焦急地等待着去上海的船票。在9月25日致李霁野的信中，他只是淡淡地提到“关于诺贝尔的事，详致静农函中，兹不赘”。

给台静农的回信是同一天写下的。在信中，鲁迅首先请台静农转告刘半农，说“我感谢他的好意，为我，为中国”。这里因为有“为中国”之意，“他”指的应该就是斯文·赫定。接着，鲁迅亮出了自己对被提名为诺贝尔文学奖候选人的态度。他明确地写道：“我不愿意如此。”

然后，鲁迅继续展开他对中国人得诺贝尔文学奖的看法。他写道：“诺贝尔赏金，梁启超自然不配，我也不配，要拿这钱，还欠努力。世界上比我好的作家何限，他们得不到。你看我译的那本《小约翰》（注：这是鲁迅翻译的荷兰作家F.望.蔼覃的作品），我哪里做得出来，然而这作者就没有得到。”这激进的言辞表达了对“自己人”（包括他自己）的苛刻和对“外人”的宽容，同时显出其强烈的自信和强烈的不自信。鲁迅认定，别人之所以想提他的名，就因为他是中国人。他觉得自己是占了“中国”这两个字的“便宜”。他接下来的言辞更为激进：

> 我觉得中国实在还没有可得诺贝尔赏金的人。瑞典最好是不要理我们，谁也不给。倘因为黄色脸皮人，格外优待从宽，反足以长中国人的虚荣心，以为真可与别国大作家比肩了，结果将很坏。

鲁迅于1936年10月19日离开人世。这离世的时间距离当年诺贝尔文学奖揭晓的时间还差24天（瑞典皇家学院于11月12日宣布将当年的诺贝尔文学奖授予美国剧作家尤金·奥尼尔）。众所周知，诺贝尔文学奖是不授予“已故”作家的。也就是说，“要拿这钱”，不仅要在写作上“努力”，还要健身，或者至少是养生，能够活得久一点。在整个诺贝尔文学奖的历史上，瑞典学院只为“自己人”开过一次绿灯，将1931年的桂冠抛给了已经故世半年的瑞典大诗人卡尔费尔德。诗人自己是瑞典学院的终身院士，也长年担任诺贝尔文学奖的评委，生前一直致力于“不”让自己获奖。也就是说，他本人一直是让他获奖的最大障碍（在这一点上，鲁迅只能说与他有表面上的相似。因为这位瑞典诗人在否定自己的同时，并没有将自己的“同胞”全盘否定）。只有等到诗人故世，瑞典学院才得以跨越这个障碍。而且瑞典学院的做法也并没有违反规定。不授予已故作家的惯例一直到1974年才成为瑞典学院的明文规定。

从斯文·赫定与刘半农的商议到鲁迅的离世，20世纪中国历史上影响最大的作家至少有八次可以角逐桂冠的机会（从1928年到1935年）。现在让我们依次看看这八年的授奖情况：1928年，挪威畅销历史小说家温塞特（出生于1882年）；1929年，德国小说家托马斯·曼（出生于1875年）；1930年，美国小说家辛克莱（出生于1885年）；1931年，瑞典诗人卡尔费尔德（出生于1864年）；1932年，英国小说家高尔斯华绥（出生于1867年）；1933年，流亡法国的俄国小说家和诗人布宁（出生于1870

年）；1934年，意大利戏剧家皮兰德娄（出生于1870年）；而1935年，也就是鲁迅离世的前一年，因为没有合格的候选人，诺贝尔文学奖自开奖以来第三次空缺（前两次空缺分别在第一次世界大战开战的那年和停战的那年）。我有意将获奖作家的出生年份标出，是想让有心的读者能够找到他们与鲁迅（出生于1881年）之间更多的可比关系。

看完这份名单，不知道中国的读者是会认同鲁迅当年对诺贝尔文学奖的态度，还是会为他，也“为中国”深感遗憾。

我们还可以像理论物理学家一样去做一个“理想实验”：假如鲁迅在这份名单之中（为了不伤及任何人，就假如他填补了1935年的空白吧），那对中国意味着什么？我的意思是，假如这个“假如”成立的话，中国新文学的道路会不会改变？中国新民主主义革命的进程会不会改变？新中国与西方的关系会不会改变？再往后若干年，无产阶级专政下继续革命的历史会不会改变？……这都是太大的问题，没有任何人能够回答的问题。还是让我们回到具体一点的问题上来吧。我相信，假如这个“假如”成立的话，诺贝尔文学奖随后的历史肯定会发生重大的改变：

首先，1938年的诺贝尔文学奖就不大可能再颁给那位因中国而写、为中国而写，以及差不多只写中国的美国女作家了，更不要说那还是一个在鲁迅看来只能写出中国一点“浮面的情形”的作家。另外，“第二位汉语获奖者”也肯定不会要推迟到大半个世纪之后才出现。中国的作家和读者也可能早就不会对诺贝尔文学奖再抱有那么多庸俗的幻想了。

我们当然不能责怪鲁迅当年对自己和自己所有的同胞同行的低估，但是我们也许会发出一声无可奈何的叹息，为他，也“为中国”。唉……

对生活的热爱与嘲讽

这本书的书名吸引了我。

我将它从书架上取下来，推荐给身边的少年。他马上也被这本书的书名征服了。他说出了一个不大文雅的词，赞叹这书名的高雅。我建议他在等我翻找其他书的时候翻读一下这本书。他坐下来，翻开了陈旧的封面。我想这应该是他到目前为止接触过的最“古老”的书。它出版于1940年。贴在它最后一页上的“归还日期”登记条中的第一个记录是“1944年1月27日”。

从图书馆回家的路上，我们要翻过这座城市里最安静也是最“高尚”的山头。身边的少年困惑不解地问我：“为什么一个中国人可以写出这样精彩的英文？”

*With Love and Irony*是林语堂自他最出名的随笔《生活

的艺术》(1937年)和他最出名的小说《京华烟云》(1939年)之后，在美国出版的又一本随笔集。它洒脱的书名可以直译为《带着热爱与嘲讽》。作为1938年美国非小说类头号畅销书(《生活的艺术》)的作者，林语堂想通过这本书再一次向美国的读者显示一位来自中国的文学大师生活的艺术。这艺术中最强烈的色彩当然就是“热爱与嘲讽”。

这是我第一次用英语来读林语堂。还没有读完第2页，我就已经意识到，林语堂即使不是“必须”用英语来读的话，也至少是“应该”用英语来读。继续读下去，“应该”的宽容渐渐被“必须”的固执逼退。我开始强烈地意识到我们是怎样地低估了这位中国的文学大师对世界的贡献。现在我肯定，只有通过他如此精湛地掌握的这另一种语言，才可能准确地接近林语堂，精确地理解林语堂，正确地评价林语堂。

《带着热爱与嘲讽》共收入林语堂的49篇随笔。话题从孔子到乞丐、从裸体到自由、从旧官僚到米老鼠、从家中的男仆到中国的“未来”……可以说是包罗万象，四通八达，铺天盖地。

在《我怎样搬进一个套间》的第一段，谈到生活质量的下挫，林语堂说，美国人的反应是对“事实”（fact）的无奈，英国人的反应是对“跌落”（fall）的感叹，而作为中国人，他自己的反应是对“命运”（fate）的接受。在这里，林语堂用了三个以“fa”开头的同由四个字母构成的词。这不是修辞上的小聪明，而是文学上的大手笔。而《与萧伯纳的交谈》一篇的第一句话是“萧伯纳有一次（once）在上海访问（looked in）同时要再一次（again）留神小心（looked out）”。这里面两个动词词组和两组副词之间的呼应简直是神来之笔。类似对语言的玩弄在林语堂的这本随笔集中随处可见，它们不仅有恰到好处的妙，还有入木三分的神。

语言的魔术与思想的敏锐和表达的幽默在绝大多数篇章中都结合得十分贴切。在《言论自由》一篇里，谈到语言是人的特权，林语堂举例说，老虎吃人的时候只会用咆哮来表达自己的满足，而不会模仿杀害记者的军阀，说：“我的道德命令我吃掉你，因为你危及了中华民国的安全。”在《我喜欢与女人交谈》一篇里，林语堂写道，从女人那里可以听到绘声绘色和纠缠不休的谣言。比如一个女人不会介绍某人是“鱼类学家”，而只会介绍他是某上校的“妹夫”。接下来的故事可能是，那位上校死于印度的时候，她自己正在纽约的一家医院里接受阑尾切除手术。再下来的故事可能是，上校曾经带她到某花园散步或者切除阑尾的医生有很性感的胡须等。林语堂写道：“生活是由出生，死亡，阑尾炎，麻疹，香水，生日晚会，而不是由鱼类学或者本体论构成的。”

年轻人，放下你手里那本无聊的英语模拟试题，去欣赏一下这位中国的文学大师用英语对世界做出的迷人的贡献吧！

2

紧接着那一句极为精彩的开头，林语堂对萧伯纳到访那一天清晨上海报纸的报道做出了反应。萧伯纳之所以要“留神”是因为有人在报纸上扬言要借此机会冷落一下这位说话从不留神的大师。他们的做法是要让萧伯纳在上海的停留一点也不“引人注目”。这是一个不可能完成的任务，因为那些人处在一个刻薄的悖论之中：如果他们什么也不做，萧伯纳的到访一定“引人注目”；而如果他们真的做了什么，萧伯纳的到访一定更会“引人注目”。

上海不相信伤害。在《与萧伯纳的交谈》的第二段，萧伯纳已经在上海最引人注目的客厅里坐下来了。他坐在靠近壁炉的沙发上，“完全放松”并且精神矍铄。在座的还有“蔡博士”以及客厅的女主人。谈话开始的时候，“其他的客人”还没有到。这个很小的细节肯定对这篇文章的写作有很大的帮助。它使林语堂可以马上将注意力集中在这位西方大师的身上。从那次午餐后留下的那张非常著名的照片里，我们可以目测出“其他的客人”这个很平常的名词短语在这个特殊的情境下很不平常的含量。出现在那张照片里的一共有四个中国人，除了文章中提到的宋庆龄女士和蔡元培先生以及林语堂本人之外，还有就是在文章中一直没有出现的鲁迅先生。

谈话很快转到了萧伯纳的几位传记作者身上。对林语堂提到的那部“好读得多”的传记，萧伯纳这样解释它的“缘起”：那部传记出自一个穷困潦倒的作家之手。他原来想写一部“耶稣”的传记来解决自己的生计。可是，他的出版商对他的选题不感兴趣。他提议他去写一个叫“萧伯纳”的人的传记。萧伯纳说，那位传记作者根本就不知道关于“萧伯纳”的任何事情。他在初稿中将所有的“事实”都搞错了。

不幸又万幸的是，传记初稿接近完成的时候，传记作者突然去世。接近完成的初稿经出版商转到了萧伯纳本人的手里。他花了三个月的时间对它进行修订和编辑。

萧伯纳告诉他的中国崇拜者，自己更正和增补了不少的“事实”，却刻意保留了传记作者的基本观点。接着，萧伯纳还提到穷困潦倒的传记作者去世的时候，没有给家人留下其他的遗产。林语堂意识到，尽管是萧伯纳本人的努力导致了这部传记的完成，传记作者的妻子却得到了全部的版税。

关于这部传记的交谈继续下去，萧伯纳接着提到了读者的反应。他说他的一些朋友在读完传记后给他写信，抱怨传记作者不应该在传记里面暴露那些“冒犯”大师的细节，也抱怨萧伯纳本人没有利用工作之便将那些段落删除干净。林语堂马上给出了萧伯纳本人对这些抱怨的回应。萧伯纳回应说：“事实上，那些段落都是我自己加进去的。”

这显然是林语堂这篇文章中最大的“包袱”。但是，林语堂抖得不露声色。他没有再对大师的英式幽默做任何多余的评说。他转而细致地描写起了大师说话时的表情。大师总是紧锁的眉头让林语堂想起中国戏曲中魔鬼的脸谱。而在这威严的外表之下，林语堂却捕捉到了一个“敏感而仁慈”的心灵。

在萧伯纳抵达上海的那一天，当地长达几个星期的梅雨突然停了。接下来的轶事曾经广为流传：有人恭维萧伯纳说，在上海见到了太阳是他的幸运。而萧伯纳却马上摇身一变，从“债务人”变成了“债权人”。他说，在上海见到了萧伯纳是太阳的幸运。

林语堂在文章的最后对大师的胸怀做出了最虔诚的反应。“我想起了穆罕默德和那座大山。”他这样写道。通过这神圣的典故，大师和他眼前的大师同时获得了庄严的神性。

这篇好玩的文章就结束于神性显露的一刹那。

“一个时代的灵魂”

1

在写于1931年12月初的那封信的最后一段，赫尔曼·黑塞这样请求：“亲爱的托马斯·曼，我不指望你与我的态度和观点相一致，但是，我希望你出于对我的同情，尊重我的态度和观点。”

他在这封信的一开始就亮出了自己的态度：他断然拒绝了挚友托马斯·曼诚恳的邀请，不打算重新加入他一年前已经退出的普鲁士艺术家协会。而紧接着在这封信的第二段，他又毫不含糊地公开了自己的观点：直指“祖国”的观点。

这是黑塞第一次彻底公开自己对“祖国”的看法。一年前，他写信给普鲁士艺术家协会的主席，申请退出那个官方组织。当时，他的态度还有点暧昧，他的观点还遮遮掩掩。他使用的还是听起来非常顺耳的理由：他说因为他长期住在瑞士，又已经是瑞士公民，不应该再在那个“魏玛共和国”的官方组织中占有一席之地；他又强调自己身体不好、头痛眼花，已经不可能再为那个官方组织争光和效力。在信的最后，他还客气地祝愿那个几乎网罗了所有日耳曼优秀艺术家的官方组织继续发展、不断壮大。

这两封信之间只有一年的间隔。在给托马斯·曼的那封信中，黑塞态度坚决，观点鲜明。他明确地向自己的挚友表达了对他们共同的“祖国”的憎恶：那里“百分之九十九的人民”都支持政府的屠杀行为，都拒绝反省“祖国”犯下的战争罪行。在黑塞看来，这是一种非常危险的团结和非常愚蠢的忠诚。“法律不公、官员冷漠、人民极为幼稚”是黑塞对“魏玛共和国”的结论。他不再愿意与它保持任何情感和业务上的来往。

这时候，距离“元首”的上台还差十三个月，距离波兰的沦陷还差七年零十个月……《荒原狼》的作者已经提前站到了即将与全世界为敌的“祖国”的对立面。不到两年之后，托马斯·曼终于也逃离了自己的“祖国”。当带着家人在黑塞瑞士的家中等待去向的时候，不知道这位德国最具代表性的作家会不会想起黑塞两年前就已经表明的态度和观点。而这时候，“元首”经过他多年的“奋斗”已经被“极为幼稚”的人民选出，已经在行使“元首”的极权：他们共同的“祖国”已经变成了对全世界的威胁。如果惊魂未定的托马斯·曼想起了黑塞对“祖国”的态度和观点，他肯定会有很深的感叹，感叹自由独立的精神居然能够如此精准地探到民族的命运和历史的奥秘。

这封向挚友表明态度和观点的信，只是黑塞一生写下的三万多封信件中的一封。黑塞是勤奋的通信者，据说最多的时候，他一天要处理一百五十封信件。黑塞书信选集《一个时代的灵魂》中收集了黑塞的近三百封信件，是黑塞书信的最好选本。入选的书信按照写作的先后次序呈现，其中的第一封是黑塞十四岁那年（1891年）从寄宿学校写给父母的家信，最后一封是黑塞去世之前不久（1962年）写给一位朋友的回信。在第一封信里，少年黑塞很详细地向父母汇报了自己生活和学习的情况。他看上去情绪稳定，与他后来根据那一段经历写出的小说《在轮下》中主人公的状况相去甚远。选集中的最后一封信也许就是黑塞一生中的最后一封信。他向朋友抱怨自己已经没有人们所祝愿的“健康”了。他还提到在他最近收到的许多信件中有两封来自他们家从前的女仆。她们在六十年之后寄来美好的祝愿让行将就木的黑塞重温了童年时代的温暖。

黑塞从小就对“爱国主义”充满了反感和蔑视。他的书信里经常流露出这种敌对的情绪。他将自己当成是“世界”的公民。这种态度和观点当然是受到了他家庭的影响（尽管他从来都是那个家庭的叛逆者，从来都没有与它保持过和谐的关系）。因此，可以想见，即使“祖国”的官员不是那么冷漠，“祖国”的人民不是那么幼稚，黑塞也可能还是会疏远它、逃离它，甚至对抗它。那种与“祖国”的紧张关系就像他与家庭的紧张关系一样，可能就是他关注“个人”和“普世价值”的写作的源泉。

黑塞在自己的“祖国”被盟军和苏联红军瓜分之后的第二年获得诺贝尔文学奖。这应该就是他获奖的时代背景和“政治性”。而对于一个一贯反对“爱国主义”并且早已经逃离自己“祖国”的作家来说，这样的“机缘”当然更是具有象征意义和讽刺意味。

黑塞还一贯反对将生活和创作区别开来。他声称文学本质上就是对生活的“忏悔”。从这个意义上看，这位没有写过自传的作家留下的全部作品就构成了他的“自传”。而充满“忏悔”的书信显然是黑塞作品中的重要组成部分。它们按时间的顺序展开就如同生活的再现，就如同生活最贴切的比喻。

黑塞不仅没有写过自传，他对别人来写他的传记也没有太大的兴趣。1926年10月13日，在写给他的传记作者的信中，黑塞这样强调，“如果”写他的传记真有什么意义的话，那“也许”是因为一个作家“个人无法治愈”的精神痼疾，也同样是“一个时代的灵魂”的病症。

这时候，黑塞刚刚在第二次婚姻带给他的极度绝望中写完了“自传体”的《荒原狼》。他从个人生活的灾难中提炼出了“一个时代的灵魂”的悲剧。

2

书信集编者写下的前言清晰又缜密，它本身就是一篇出色的黑塞“传记”。“传记”遵循黑塞一贯的原则，将传主的生活和创作搓揉在一起，呈现“一个时代的灵魂”通过创造性的“忏悔”在躁动的生活中找到安宁的奇迹。

黑塞来自一个宗教气息极为浓厚的家庭，自幼就应该对“忏悔”的形式和功力有深刻的认识。对他很有影响的外祖父曾经在印度传教将近三十年，是东方文化的“活字典”。而他母亲本人出生于印度，她早逝的前夫和黑塞的父亲也都有在印度传教的经历。更为重要的是，这个传教士家庭还散发着极为浓厚的书卷气。外祖父收藏丰富的书房里包括了大量的东方典籍。那是黑塞儿童时代的乐园，也很可能就是黑塞“世界公民”意识的发源地。外祖父还是出版商，拥有一家专门出版宗教书籍的出版社。后来，黑塞的父亲又接管了出版社的管理工作。除了读书和出书之外，写书也是这个家庭的重要传统。黑塞的外祖父和父母都是虔诚的写作者。他母亲出版过四本畅销书，并且还留下了大量的日记和书信，而他父亲也是十五本著作的作者。

这个崇拜书籍和写作的家庭还有一条刻板的“家规”：从不扔掉任何一块携带着文字的纸片。黑塞早年生活的印迹因此得以详尽地保存下来，详尽的程度令人难以置信。

从这些印迹里，读者很容易知道黑塞是天生的“逆子”。他很早就让他和谐儒雅的家庭充满了忧虑。四岁的时候，他“暴烈的脾气”就已经在他母亲的心灵中和日记里留下阴影。而他的外祖父也已经意识到对这个难以驯服的孩子应该要有“极大的耐心”。七岁的时候，他绝望的父亲已经开始考虑要将他送往校规严厉的教会学校去接受管制。

黑塞十二岁的时候正式进入传统的教会学校，接受严厉的管制。开始的情况还不错，他有规律地与父母通信，他的各科成绩都很出色，他用不长的时间就通过了很难通过的拉丁文考试。这意味着他能够顺利地进入更高的教学体系中去接受深造。那是面向远大前程的教学体系。它曾经造就出诗人荷尔德林和哲学家黑格尔这样一些名垂青史的人物。

但是，“无法治愈”的精神痼疾终于爆发了。十四岁那年，黑塞开始对压抑个性的传统教育制度大举反攻。一天下午，他逃出了学校的大门。这是他一生中无数次“逃离”的开始。在随后的两年时间里，心急如焚的父母将他从一个学校转到另一个学校……却不见任何转机。少年黑塞的精神状况越来越糟。他甚至开始有了自杀的想法和自杀的尝试。自杀无疑是生活中最彻底的“逃离”。自杀也是小说《在轮下》中的关键词。它彻底打破了黑塞与他父母之间长期对抗的平衡。除了妥协之外，心惊胆战的父母已经别无选择。他们最后不得不“接受”黑塞一生中最重要的一次逃离：一次次地从某一所学校的大门里逃出已经不再能安抚黑塞焦躁不安的灵魂了。他有更强的冲动，他要彻底逃离传统教育的牢笼。那一年，他十六岁。他毅然决定背弃家族“高学历”的传统和与之相应的远大前程。他的这一决定半个多世纪之后让诺贝尔文学奖获奖者的队列中又多出了一名“辍学者”。

黑塞无意继承他们家族神圣的事业（传教），只想发扬他们家族世俗的激情（写作）。他急不可耐地想要走进社会。他急不可耐地想要开始在生活中的创作或者在创作中的生活。“成为作家”是他唯一的愿望或者他唯一感觉刺激的赌博。

踯躅于社会底层的生活马上就开始了，他开始在一家家的书店当帮工和学徒；朝向社会高层的创作也马上就开始了，他开始利用业余时间勤奋地阅读和写作。黑塞最开始尝试的文体是诗歌。但是，他最初的成功却来自小说。

他的第一部小说在他辍学之后的第十年问世。它将黑塞的名字带进了德语文学的地图。已经大名鼎鼎的弗洛伊德对那部小说十分赞赏，他称那是他“最喜欢读的作品之一”。

与最初的成功几乎同时到来的是黑塞的第一任妻子。她比黑塞年长九岁，是一位职业摄影师。而她更重要的身份标志，无疑是人才辈出又病人成堆的数学世家伯努利家族中的一员。爱情的驱动帮助黑塞完成了人生中又一次建设性的“逃离”：他带着妻子逃离了文明世界里的喧嚣与骚动，在一座与世隔绝的荒村里生活了八年。他在那里一边扩充自己的家室，一边拓广自己文学的版图。在他无法忍受与妻子之间频繁冲突的时候，他已经是《在轮下》的作者和三个孩子的父亲。

他开始了又一次逃离。叔本华的哲学和他家族的传统将他带到了东方。他希望像自己的父辈和祖辈们一样在那里住下来。那样的话，他既逃离了一直令他无法忍受的“祖国”，也逃离了他不再愿意忍受的妻子，可以说是一举两得。但是，在斯里兰卡、缅甸和印度尼西亚一带徘徊了一段时间之后，黑塞发现，自己“精神的家园”并不能成为实际的落脚点。从他1911年底写回欧洲的信件里可以看出他对东方现实生活的沮丧和失望。有一次他写道，只有当地的中国人给他留下了美好的印象。

其实已经不可能再回“家”了的黑塞还是回到了欧洲的家里。他接着马上将家搬出了自己的国家，搬到了瑞士的伯尔尼。这多少可以缓解他与“祖国”的敌对，但是却丝毫不能平抑他与妻子的冲突。他们很快就分居了。因为他们都不是称职的家长，三个孩子要分散在亲戚们的家中寄养。

第一次世界大战的爆发一度将黑塞带出失败的阴影。他一方面作为“自愿者”穿上了德国的军装，他参军的理由是“不能坐在温馨的壁炉边看着年轻的作家们在前线送死”；另一方面，他开始在报纸上发表声讨“民族主义”和“爱国主义”的檄文。他参战的行动没有引起“极为幼稚”的同胞们的好感，而他反战的言论却激起了他们极大的愤慨。1917年，在写给战争爆发的第二年获得诺贝尔文学奖的罗曼·罗兰（他是腹背受敌的黑塞最有力的支持者）的信中，黑塞沮丧地承认，自己试图用“爱”来感化政治的努力已经失败。

新的失败让黑塞的精神状况再一次探底。他在战争结束之前就结束了自己“自愿”的军旅生涯。他需要开始接受心理治疗。而战争的结束丝毫没有能够减轻这“时代的灵魂”所遭受的痛苦。他接下来又需要面对更多新的灾难：父亲的死、儿子的病、妻子已经无法治愈的精神分裂……这些灾难将“家”带向了越来越远的地方。

阴暗的精神状况让黑塞写下了一批对欧洲和人类的前景忧心忡忡的随笔。据说这些作品是T.S.艾略特（他之后三年的诺贝尔文学奖获得者）的《荒原》的重要思想来源。从这些作品中也可以看到，实际上一直与时代格格不入的黑塞本人正在逼近“荒原狼”的状态。

黑塞在1923年正式放弃德国国籍成为瑞士公民，同一年他也正式结束了他已经名存实亡的第一次婚姻。两段漫长的“逃离”同时完成，这很像是生活的转机，这也很像是创作的转机。

而等待着黑塞的却是另一个险恶的旋涡。他迅速卷入了一开始就名存实亡的第二次婚姻（结婚几个星期之后，黑塞就开始了他的“逃离”）。没有人知道为什么会发生这荒诞的“卷入”：是出于性欲（对方是一位年轻美貌的女高音歌手），是出于情谊（对方的母亲是瑞士著名的作家，是黑塞多年的朋友），还是出于“父爱”（对方比黑塞小了整整二十岁）？而从黑塞的创作来看，这应该就是他无法避免的生活：《荒原狼》的作者需要更深的疏离来刺激他的灵感；《荒原狼》的作者需要更大的痛苦来点燃他的激情。

黑塞于1927年完成了他第二次针对婚姻的逃离。同一年，黑塞的第十部（也是他最出名的一部）长篇小说《荒原狼》正式出版。

就在《荒原狼》出版的这一年，黑塞与从她十五岁起就一直与他通信（但是十二年之后才第一次见面）的那个“聪明”的犹太女人明确了关系。已经疲惫不堪的“荒原狼”终于走进了自己生命的绿洲。四年之后，这位与黑塞之间也应该存在着“代沟”（她比黑塞的第二任妻子只大两岁）的艺术史学家成了他的第三任妻子。也就是在这同一年的年底，黑塞给托马斯·曼写下了那封对他们共同的“祖国”观点鲜明和态度强硬的信。

恰如黑塞预感的那样，“爱国主义”正在将他的“祖国”拖向毁灭的边缘。时代更加动荡了……而生来就极为不安的灵魂在爱的精心呵护下渐渐安静下来：黑塞在这坚固的围城里度过了他一生中最后的三十一年。这是他一生中最幸福的三十一年。

“普通的古巴人”

我与海明威“分手”已经很多年了，那个一直困扰着我的问题却仍然在困扰着我。

海明威在1939年到1960年期间定居于古巴。他当然可以说是“亲历”了卡斯特罗领导的古巴革命。那场长达五年半的革命最后推翻了美国支持的巴蒂斯塔王朝。巴蒂斯塔本人于1959年第一天的上午逃离古巴，到多米尼加共和国“避难”，这是古巴革命胜利的标志。革命胜利之后，定居于古巴的美国侨民纷纷撤出，而一生经历过许多“革命”的海明威（他参加过两次世界大战，投身过西班牙内战，甚至到访过正在抗日的中国）显然并没有恐慌。他继续与他那一大群著名的宠物一起呼吸着古巴的空气。在大多数美国人看来，那已经是充满“红色恐怖”的空气。

而卡斯特罗本人是狂热的文学爱好者。我最早是从格瓦拉的传记中知道这一点的。后来，我又从1982年诺贝尔文学奖获得者的一些访谈和文章中知道了更多的细节。就像他同时代的许多南美作家一样，《百年孤独》的作者也是卡斯特罗的超级粉丝。这些道听途说让我觉得文学在古巴革命中扮演过重要的角色，我甚至还觉得古巴革命与南美的文学爆炸之间存在着一种深刻的互动关系。作为文学爱好者的革命领袖应该不会不知道，在他领导的革命胜利之前那三十年里，已经用自己的文学一次又一次地征服过世界的作家，正生活在他自己刚刚征服的土地上。

那个一直困扰着我的问题是，海明威与卡斯特罗究竟有没有关系？或者有什么关系？

偶然在山下新开的“国际文化图书馆”里见到了一本名为《海明威在古巴》的新书。这是一本“图文并茂”的新书。书中有许多我以前没有见过的照片，这让我感觉非常新奇。而作者的叙述简洁清晰，与海明威本人的文风相近，这又让我感觉非常亲切。我激动地翻动着书页……一个与长期困扰我的问题相关的标题引起了我的强烈反应。

这是书中第十八章的标题。它让我相信这一章是专门为我写的一章，是能够解开我的困惑的一章。

这题为“卡斯特罗与海明威”的一章从当时世界上两个最著名的大胡子相遇的那张照片开始。照片拍摄于1959年。对这两个颜色不同的大胡子来说这是“颜色”不同的年份。这时候，照片中的黑胡子刚刚洗去“野战”的尘埃，正趾高气扬地登上前景迷幻的国际舞台；而照片中的白胡子几乎失去了在人生舞台上继续表演的兴致，已经在心灰意冷地打量着他为生命擅自设定的终点。

这专门为我写的一章结束于2002年11月11日。这一天，世界上唯一的“海明威故居博物馆”在古巴正式对外开放。卡斯特罗“即兴”地出现在开馆仪式上。他的出现改变了仪式的格调和长度。以长篇即兴讲演著称的革命家在信奉“冰山原则”的文学家的故居略加收敛：他的即兴讲演仅仅持续了三十分钟（马尔克斯曾经在《菲德尔》一文中对卡斯特罗即兴讲演的才能大加赞赏）。

在这即兴讲演的开始，卡斯特罗首先感谢海明威在他的祖国的居住和创作。他用浪漫的措辞概括海明威与古巴关系最为密切的作品《老人与海》。他称这部出版于1952

年（也就是标志着他领导的古巴革命开始的“七二六”暴动之前的一年）的小说是“前所未有”的作品。卡斯特罗简短的概括里出现了“孤独”“自白”“沉思”“反省”“梦想”“奋斗”这样一些分量很重的词。

接着，卡斯特罗继续他的文学批评。他强调海明威的作品不是小说，而是历史。（这样的归类让我想起卡斯特罗1953年在巴蒂斯塔的法庭上为领导“七二六”暴动进行的长达四个小时的自我辩护。“历史”一词就出现在那段辩护最后的名句里：“你们可以给我定罪，但是历史将会赦免我。”）卡斯特罗宣称不懂得历史就不可能知道“人的局限”。他进而指出，人类正在重犯历史的错误。

同样是在古巴创作完成的《丧钟为谁而鸣？》被卡斯特罗用来解释海明威的小说与历史的关系。他说这部小说对他本人有特殊的意义：其中那些“以少胜多”的战争案例不仅增强了革命领袖的信心，也教给了他应对装备精良的正规部队的游击战术。他提到了小说中的一个细节：一个狙击手埋伏在一个隘口注视着一支彪悍的骑兵队。卡斯特罗从这个细节获得“启蒙”，顿悟“有利的位置”可以让个人创造“万夫莫开”的奇迹。《丧钟为谁而鸣？》是以西班牙内战为背景的小说，而卡斯特罗在墨西哥流亡期间接受军事训练的教官就是西班牙内战中共和派的首领。这样的经历当然很容易让卡斯特罗从这部小说中读到历史。

接着，卡斯特罗谈起了他与海明威仅有的那一次见面。那是革命刚刚胜利不久，卡斯特罗应邀参加了由海明威组织的为期三天的捕鱼比赛。他因为“碰巧”捕得一条巨大的枪鱼而获得了比赛的一等奖。年轻的革命领袖从心仪多年的“老人”手上接过奖杯的瞬间被历史记录下来。这标志着他赢得的不仅仅是一场比赛，他还赢得了“海”的信任和理解。

对自己与海明威仅有这一次见面，卡斯特罗感慨颇深。他说，人们总是相信来日方长，而等待的结果通常是意想不到的遗憾。两年之后，海明威自杀身亡。那意想不到的结局会在视死如归的革命家心里激起怎样的震荡？卡斯特罗说，后来他只能与悬挂在办公室里的海明威的照片长谈了。那是海明威与一条枪鱼的合照。卡斯特罗肯定照片中那巨大的枪鱼就是出没在《老人与海》中的那“不可战胜”的“英雄”。

在即兴讲演的最后，卡斯特罗向来自世界各地的海明威的崇拜者们发布他对文学和艺术的看法。他说，艺术品的魅力会“持续几千年”，文学的生命将长过“我们所有的人”。他称认识不到这一点的人是“野蛮人”。

当海明威抵达荣誉的巅峰，获得1954年诺贝尔文学奖的时候，卡斯特罗正在巴蒂斯塔王朝的监狱里（那是他生命的最低点）等待着希望渺茫的“赦免”。生活和文学都充满英雄气概的海明威曾经说：“人可以被毁灭，但不可以被战胜。”这既是海明威对人的信念，又是他对自己建立在这信念之上的文学的总结。这豪言壮语无疑也可以看成是对身陷囹圄的革命领袖的赞美。

在得知诺贝尔文学奖的获奖消息之后，海明威是用西班牙语而不是他的母语接受了第一个采访。他在采访中强调他为自己作为一个“普通的古巴人”（Cubano Sate）获得这项文学的殊荣而自豪。他说他要将这殊荣献给他不为人知的“祖国”。

只有上帝能够写得出的戏剧

1

很多年以后，谈起他的第二任妻子，阿瑟·米勒的那一句感叹深深地触动了他的采访者。“她整个的一生都生活在坟墓旁边。”他这样感叹。这感叹仿佛是《推销员之死》的作者在一部只有上帝能够写得出的戏剧里读到的台词。

他第二任妻子“整个的一生”的长度只有三十六年。但是，她用这三十六年的时间超越了语言、阶级、肤色、国家等一切可以想象得到的界限，让自己的艺名和面孔（也许是面具？）变成了全世界最通俗的符号，甚至在那些想象不到的非洲部落里都能够被人辨认出来的符号。

与阿瑟·米勒的婚姻在那“整个的一生”中仅占不到

七分之一的份额。但它却是那“整个的一生”中最疯狂的部分，也是那“整个的一生”更为疯狂的“结束的开始”。与《推销员之死》的作者解除婚约之后，“整个的一生都生活在坟墓旁边”的玛丽莲·梦露只在早已经被她征服的世界上继续疯狂了十九个月。

“在无忧无虑和幽默机智的表象底下，死亡是她形影不离的伴侣。”阿瑟·米勒在他的自传 *Timebends*（《时间流转》）中这样写道。他第二任妻子的第三次婚姻当然是这样一部文学家的自传中最世俗的看点。而回答读者们对这举世闻名的婚姻的疑惑当然也是这样一部文学家的自传的责任。“《推销员之死》的作者”怎么会成为“玛丽莲·梦露的丈夫”？这强烈的戏剧冲突当然要从他们的第一次见面说起。第一次坐在玛丽莲·梦露身边，阿瑟·米勒就发现了这位荧幕上“完美的美人”与死亡和坟墓之间天赋的联系。“你是我见到过的最忧伤的女孩。”他这样感叹。这是他对她说的第一句话。这也是她第一次听到别人对自己发出这样的感叹。在别人的眼里，她从来都只是一具肉体：代表着享乐或者堕落的肉体、能够激起快感或者反感的肉体……有谁会去在意她的灵魂呢？有谁会去在意她的忧伤呢？玛丽莲·梦露的最后一次婚姻就始于《推销员之死》的作者这“最忧伤”的发现。

《时间流转》出版于1987年，也就是玛丽莲·梦露自杀四分之一个世纪之后。自传没有序言，也没有目录，剧作家仅仅用七个基数词将他充满戏剧性的生活截断。他喜欢用很长的段落，这无疑是这部自传视觉上最重要的特征。自传的许多段落写得很像是戏剧剧本中的场景说明。最开始的四个自然段就是明显的例子。阿瑟·米勒显然是将他的读者想象成是剧场里的观众。他向他们逐渐打开的是一个背景很深的舞台：首先进入观众视野之中的是他的母亲。她正在用电话与她的一个姐妹交换刚听到的流言蜚语。通过她的眼睛，观众看到了趴在走廊地板上的“我”。米勒没有告诉他的读者或者观众这第一幕发生的年代。这部名为《时间流转》的自传自始至终都在躲避客观的时间。

而他的叙述却基本上是按照时间的顺序展开的。读者或者观众可以通过事件和心理的发展感觉到时间的流转。不过，米勒也经常打破时间的限制，比如他的第二任妻子首次出场的时候，他仍然还没有从地板上爬起来。他在刚开始谈论他父亲的时候就谈到了她。他说他的父亲因为“孤儿”的出身而从她那里得到过特别的关怀。一个相关的细节出现在自传的最后。在他们离婚之后不久，玛丽莲·梦露还曾经带剧作家的父亲去参加肯尼迪总统的生日会。当肯尼迪与老米勒握手的时候，她站在他们之间。老人抛出的笑话将她逗得仰头大笑。这个瞬间后来变成了一张令老米勒非常得意的著名照片。剧作家告诉他的读者或者观众，他的第二任妻子有一种特殊的本能：她能够在人群里很快辨认出谁是“孤儿”。对那些从小就失去了父母或者像她一样曾经在孤儿院生活过的人，她总是会给予特别的关怀和体贴。

第二任妻子震惊世界的自杀唤醒了阿瑟·米勒的许多记忆。他承认，他一直都在盼望着与她的下一次见面，盼望着再一次与她坐在一起，谈论他们共同经历的那“全部的愚蠢”……尽管他深知“最忧伤的女孩”整个的一生都生活在坟墓旁边，他却无法接受她即将进入坟墓中安息的事实。当记者在电话里问到剧作家会不会去参加他第二任妻子的葬礼时，他不假思索地回答说：“她不会在那里。”他听到了记者的惊讶。他不想再回答更多的问题。他挂断了电话。

剧作家知道，那举世瞩目的葬礼不是他与那个“最忧伤的女孩”下一次见面的地方。“她不会在那里”。她的生命将随时间一起流转……“她不会在那里”。

2

那时候，北京很好玩。那时候，我很好（请读第四声）玩。

我会早早地等在首都剧场的门口。我在盼望着等到一张几乎不可能等到的门票。价格已经被我想象到了不可思议的高度。但是，我已经做好了心理准备：不管多高的价格，我都准备承受。那一天，离开场只有不到10分钟了，机会还没有像帕斯卡的名言所说的那样，“为有准备的心灵出现”。不少等退票的人都绝望地挤到了检票口附近。我也挤了过去。我一边还在盼望着机会的出现，一边又幻想着检票口能够再显露一个与我身体尺寸相当的破绽……正在这时候，一个西方人从剧场里面急匆匆地走近了检票口。她突然伸出了她的右手。挤在检票口外面的所有人都看到了她的这个动作。所有的手都同时越过检票员的身体伸向了她手里紧握着的那张门票。那个西方人很快地扫了一眼应该是同样迫切的面孔，然后将门票稳稳地塞到了我的掌心。我马上就进场了。我追上了那个西方人，充满感激地问她票价是多少。我已经准备承受无论多高的价格，而她的示意却让我更加难以承受……现在回过头去看，我在《推销员之死》中国首演式开始之前不到十分钟之内的经历似乎是上帝存在的一个证明。

我被这张免费的门票带到了首都剧场中的黄金地段。我一眼就认出来，自己左侧相隔着两个空位的位置上坐着的是丁玲女士（在剧场休息的时候，我凑过去与她交谈了几句。我告诉她，我是在人才辈出的长沙周南中学的校园里长大的。那是她和中国现代史上许多著名女性的母校。我从书包里掏出一本介绍美国戏剧家的小书，请她在扉页上签名。她首先写下了“周南”两个字，坐在他旁边的陈明先生用不太耐烦的口气提醒她应该签她自己的名字。她马上就改签了自己的名字……想起来，这是我到目前为止唯一索要过的名人签名），而越过前面没有人坐的一排，我看到了曹禺先生和他的女儿。阿瑟·米勒就坐在曹禺先生的身旁。他不仅是即将开始的这台话剧原文的作者，还是这台话剧的导演。

我现在非常好奇，一直被联邦调查局怀疑是“共产分子”的剧作家坐在中国最好的剧场里看着自己导演的自己的作品的中国版本会有什么样的感叹。他会不会想起《推销员之死》三十四年前在百老汇首演的巨大成功？要知道，他登峰造极的那一年正好是“中国人民从此站起来了”的同一年。他会不会想起他已经谢世二十一年的第二任妻子？她在朝鲜前线的那些慰问演出肯定曾经极大地鼓舞了正在与朝鲜人民军和中国人民志愿军“浴血奋战”的美军士兵的斗志。而因为与左派剧作家的关系，她后来也同样被联邦调查局怀疑为“苏联间谍”和“共产分子”。

那个夜晚带给我更多的还不是“名”的幻觉，而是“实”的冲击。推销员威利的命运从一开始就通过英若诚先生精准和精彩的表演强烈地冲击着我的心灵：他与生活的关系、他与自己的关系、他与儿子的关系……天啊，他不就是我自己的“父亲”吗？！许多的细节和台词好像就来自我自己的生活。我恐惧极了。那是我第一次对“父子关系”有那样大的恐惧。我不希望自己成为剧中的“儿子”。我不希望自己成为一个被“父亲”的幻想和失败摧毁的“儿子”。这种恐惧一直延续到了我后来的许多作品之中。这种恐惧也一直延续到了我自己21世纪的生活之中。作为“父亲”，我无时无刻不在恐惧自己对“儿子”可能造成的负面的影响。我越来越清楚，“父子关系”是不可理喻的：不仅是“父亲”的失败和懦弱可以摧毁一个“儿子”，“父亲”的成功和顽强也同样可以摧毁一个“儿子”。我越来越清楚，我越来越恐惧……

《时间流转》里面收有一张那个夜晚的剧照。阿瑟·米勒在照片下方的说明里称英若诚是最出色的“威利”。这种评价呼应着我那个夜晚在现场遭受的冲击，以及这冲击在我后来三十多年的生活中荡起的回音。

收在自传里的照片中只有一组没有附上关于场景和人物的说明。这一反常其实非常正常，因为那是一组剧作家的第二任妻子在场的照片。“她”在他的身边……这就是超越一切语言的说明，最好的说明。《推销员之死》的作者统一地命名那一组照片为“最好的时代”。

那“最好的时代”中有许多让我感兴趣的细节。比如，在荧幕上“完美的美人”对诗歌的喜好和在行。有一次，他们一起去看望大诗人卡明斯（E. E. Cummings）。

剧作家细心地观察着自己的第二任妻子在读大诗人作品的时候面部表情逐渐的变化。他不知道她怎么可以读得懂那么不好懂的现代派诗歌。而她对诗歌中一个惊人转折的惊叹更让剧作家折服。他马上意识到世界头号性感明星对诗歌具备非凡的鉴赏力。他也马上就风趣地意识到了继续待在大诗人个人魅力之中的“风险”。剧作家马上将自己的明星妻子带离了自己的诗人朋友。

《时间流转》中有许多关于他第二任妻子的说法都值得大家分享。剧作家说，玛丽莲·梦露既是一个无所不有的“女王”，又是一个一无所有的“孤儿”。她好像可以到“任何地方”去，而实际上却又没有“任何地方”可去。剧作家又说，玛丽莲·梦露显然是一个“缺乏常识”的人，因为她甚至对那些明摆着是要毁灭她的人都没有疑心。但是，剧作家又说，玛丽莲·梦露有一种“高贵”的世界观：她知道所有人都需要关怀而且所有人都带着伤痕。

玛丽莲·梦露在《时间流转》里的最后一次出现就像是一位自由女神。当尼日利亚一位持不同政见的作家（应该就是在1986年成为非洲第一位诺贝尔文学奖获得者的索因卡吧）面临处决的危险时，阿瑟·米勒托一位英国商人给尼日利亚军政府的首脑带去了他个人的呼吁。看到他的名字，军政府的首脑感觉有点难以置信。他问写信的人是不是就是做过玛丽莲·梦露第三任丈夫的那位剧作家。信使对这个问题的肯定回答给那位已经站在坟墓旁边的尼日利亚作家带来了终身的自由。

“如果玛丽莲知道了这件事，她该会有多么高兴。”阿瑟·米勒在自传即将结束的地方这样写道。我听出了剧作家的忧郁和伤感。他好像终于意识到那个“不会在那里”的“最忧伤的女孩”其实早已经也“不在这里”了。

致命的殊荣

1

这殊荣终于降临到了他的头上：1958年10月23日，瑞典皇家文学院宣布将当年的诺贝尔文学奖授予苏联作家帕斯捷尔纳克，表彰他“对现代抒情诗歌以及俄罗斯小说伟大传统做出的杰出贡献”。皇家文学院特别强调评委会的评估是建立在获奖者的全部作品之上，而不是专注于某一部代表作。他们想通过淡化《日瓦戈医生》的影响，降低这次颁奖的政治风险。《日瓦戈医生》是帕斯捷尔纳克的代表作。十一个月之前，这部无法在自己的祖国出版的小说在意大利同时以意大利文和俄文出版，并且立即引起了巨大的轰动，迅速被译成了更多的文字。当瑞典皇家文学院做出决定之时，这完美地结合了“现代抒情诗歌”与“俄罗斯小说伟大传统”的作品正雄踞西方各国畅销书榜的榜首。

这是帕斯捷尔纳克等待了十二年的殊荣。他的第一次提名是在1946年。而随后连续四年他每年都是呼声很高的竞争者。然后是1953年，然后是1957年。1957年的获奖者加缪用自己的获奖来为落选的对手呐喊，再次提名他进入下一年度的竞争。经过十二年来的八轮角逐，这殊荣终于降临到了他的头上。帕斯捷尔纳克马上给皇家文学院发去电报，欣然接受这在他想来也同样属于他的祖国的荣誉。他的电文是“无限的感激、骄傲、感动、惊喜、不知所措”。

但是，电报刚刚发出几个小时，住在隔壁的苏联作家协会主席费定走进了帕斯捷尔纳克的书房。简短的谈话之后，表情严肃的费定独自从书房里走出来。正忙于准备家庭庆祝活动的女主人紧接着走进去。她吃惊地发现自己刚才充满“无限”感激和骄傲的丈夫正瘫坐在沙发上，面无表情。费定的离去带走了帕斯捷尔纳克电文中的前四个形容词。祝贺的电话还在从世界各地陆续打来，但是面对这终于降临的殊荣，只有“不知所措”可以准确地形容帕斯捷尔纳克的心境了。这时候，他已经清楚地知道他的祖国无意与他分享这份特殊的荣誉。

关于第二天发生了什么，我读过的几本帕斯捷尔纳克传记都没有任何记载。第二天是沉默的一天。这是在准备爆发的沉默，又是在准备死亡的沉默。

第三天，沉默首先被从“专业”一翼打破。很有影响的《文学报》这一天发表了一篇题为《国际反动势力的挑战》的社论和一封口径统一的读者来信。《日瓦戈医生》被定性为一个“堕落的”诗人对“十月革命的中伤”和“对社会主义的诬蔑”。与此同时，莫斯科一些大学文学专业的学生愤怒地走上了街头，高喊“将叛徒（犹大）赶出苏联”的口号。

第四天的炮火来自“制高点”。一篇题为《围绕一部文学毒草的反革命叫嚣》的文章在《真理报》上发表。这篇署名文章的作者从早期作品入手，分析了帕斯捷尔纳克的“全部作品”，并且将他的创作全盘否定。特别值得注意的是，文章在攻击了诺贝尔文学奖的政治动机之后，为获奖者指明了唯一的出路：如果他还有苏联公民“最起码的良知”，就应该拒绝这“肮脏”的奖项。这篇文章让帕斯捷尔纳克进一步知道，这殊荣不仅不属于他的祖国，祖国还希望它同样不属于他自己。与这来自最高层的炮火相配合，更多的读者来信在各家报纸上出现。这密集的火力来自四面八方，来自各行各业。因为四天前降临的殊荣，帕斯捷尔纳克这时候已经成为“人民的公敌”。

第五天，苏联作家联盟书记处召开紧急会议，声讨作家阵容里的“败类”。帕斯捷尔纳克不仅以缺席来维护自己的尊严，同时他还给会议写了一封措辞强硬的信。他在信中为《日瓦戈医生》辩解，并明确表示自己绝不会放弃刚刚获得的殊荣。他还提醒自己的同行不要仓促做出任何对他过火的决定，以免造成今后“平反昭雪”的麻烦。紧急会议没有顾及这未来的“麻烦”，毫不犹豫地做出决定，将帕斯捷尔纳克开除出苏联作家联盟。这意味着帕斯捷尔纳克从此不再能够用自己的名字在自己的祖国发表作品。

苏联作家联盟的决定第二天正式见报。这是1958年10月28日，是诺贝尔文学奖的殊荣降临到他头上之后的第六天。如果帕斯捷尔纳克继续坚持自己前一天信中的立场，等待他的只有两个对立的结果：或者“出去”（流亡）或者

"进去"(坐牢)。这一天是帕斯捷尔纳克一生中最漫长的一天。在这一天，他必须做出他一生中最重大的决定。

《1930—1960：帕斯捷尔纳克的悲剧岁月》是传主的儿子为他撰写的传记的第二部。传记作者在最后一章记录了自己在那"第六天"的中午与父亲在街上相遇时的情形。他写道：他举世瞩目的父亲头发花白，神情呆滞，衣服脏乱……他都几乎认不出来他了。

当儿子准备与父亲讨论一下越来越紧的风声时，面目全非的父亲沮丧地说："现在一切都不重要了。"因为他清早已经给瑞典皇家文学院发出了获奖后的第二封电报：谢绝这殊荣的电报。他的电文是："考虑到我所属的社会对你们这个奖项的看法，我必须放弃这一我不配接受的荣誉。这是我的自愿放弃，请不要见怪。"

在做出这个实际上是生死攸关的决定之前，帕斯捷尔纳克没有征求任何人的意见。他对殊荣的放弃因此很像是出于"自愿"。他无疑相信这历史性的"自愿放弃"会结束六天以来外界的喧嚣和内心的狂躁。但是，他错了。

他完全错了。他没有想到他的祖国对他还有更进一步的要求。他没有想到他自己会因此而陷入更深的狂躁。

2

史称“诺贝尔奖危机”的历史事件并没有因为帕斯捷尔纳克的“自愿放弃”而结束。在他发出第二封电报的当天，《真理报》发表了一篇由六位苏联科学院院士署名的文章。文章高度赞扬瑞典皇家科学院将当年的诺贝尔物理学奖授予三位苏联科学家，认为那是客观公正的选择。而同时，文章再次严厉谴责当年的诺贝尔文学奖，认为将它授予那三位科学家的同胞却充满了政治上的偏见和图谋。这堪称是“具体情况具体分析”的范例。如此的文风再现了辩证唯物主义的“魅力”。

自杀性的决定让帕斯捷尔纳克痛苦不堪。他马上想到了20世纪上半叶苦难的俄罗斯文学史上那些著名的前车之鉴，也想用自杀来结束自己的痛苦。但是，他的祖国及时发现了这一动向。祖国认为，家喻户晓的作家用这种“快捷方式”来终结自己的痛苦等于是“从背后”再给苏维埃政权一刀。“有关方面”运筹帷幄，巧妙地利用帕斯捷尔纳克最亲近的人，制止了他对祖国的另一次“行刺”。在当时写给表妹的一封信中，帕斯捷尔纳克无可奈何地表白："现在最好的事就是死，但是，我也许不应该亲手来实现它。"

而同时，不允许他走上绝路的祖国对他还有更进一步的要求。他最亲近的人带来了针对他的"最高指示"：仅仅放弃诺贝尔文学奖是不够的，他还必须向祖国和人民公开悔过。很快，一份由组织上代写的"悔过书"摆在了帕斯捷尔纳克的眼前。他开始无法接受其中那些"自我"诋毁的文字，拒绝在上面签字。而接踵而至的第二份"悔过书"更具侮辱性。这一次，帕斯捷尔纳克却不得不在上面签下了自己的名字。因为这时候苏联作家联盟已经"一致通过"给苏维埃最高法院的请愿信，吁请执法机关剥夺帕斯捷尔纳克的公民权，并且将他立即驱逐出境。刚刚"自愿放弃"了殊荣的作家已经别无选择。他的"悔过书"于11月6日在《真理报》的显著位置上发表。

帕斯捷尔纳克"悔过书"的公开发表标志着历时十四天的"诺贝尔奖危机"正式结束。通过"自愿"的放弃和公开的"悔过"，帕斯捷尔纳克已经成功地降低了他对祖国的危害。与此相应，他也失去了他的政治资本和剩余价值。他的名字从苏联的各大媒体迅速消失。怒不可遏的文学界突然变得风平浪静。很清楚，他的祖国并不想让举世瞩目的作家作为“头号异己”而出尽风头。

一个有趣的问题是，帕斯捷尔纳克精通多种西方语言，年轻时还曾在德国留学，有多年西方生活的经验，而他的代表作又正雄踞西方畅销书榜的榜首，正在同时丰收社会效益和经济效益，他不堪皮肉之苦，害怕“进去”似乎不难理解，但是他为什么还害怕“出去”，害怕被剥夺苏联国籍，被驱逐出境呢?

对祖国的信念也许是他这种恐惧的部分原因。他的日瓦戈医生认为：“一个成熟的人必须咬紧牙关，与他的祖国同度患难。”这大概也是作家本人的信念；而年龄和健康也是值得考虑的因素：帕斯捷尔纳克此时已经六十八岁，并且顽症缠身，他应该已经没有再去西方“潇洒走一回”的精力和兴致。

但是，最重要的原因无疑是他公开的隐私。事实上，在给瑞典皇家文学院发去第二封电报的同时，帕斯捷尔纳克还发出了另外一封电报。电报的收件人是苏联共产党中央委员会。电报的内容是：“已经放弃诺贝尔文学奖。让伊文丝卡娅重新工作。”很显然，帕斯捷尔纳克这是在用“肮脏”的诺贝尔文学奖与坚定的苏维埃最高当局进行交易：他以为震惊世界的畏缩能够换取令自己心安理得的恩惠。

伊文丝卡娅是晚年帕斯捷尔纳克最亲近的人。她在三十四岁那年走进五十六岁的帕斯捷尔纳克的生活，不仅成为他的代表作中女主人公的原型，而且成为他日常生活中的支柱。但是，进入“帕斯捷尔纳克的悲剧岁月”，这位才貌双全的女性自己的生活也就不可避免地变成了悲剧。因为他们的关系，伊文丝卡娅失去了在著名出版社做编辑和翻译的公职。她的社会角色更是被简化成了当局对帕斯捷尔纳克实施调控的“按钮”。在帕斯捷尔纳克刚开始写作《日瓦戈医生》的时候，三十七岁的伊文丝卡娅突然被捕，并被判处五年徒刑。当时，她正怀着帕斯捷尔纳克的孩子（孩子后来死在劳改营里）。而在“诺贝尔奖危机”中，她接受当局的指令，与祖国步调一致，在防止帕斯捷尔纳克自杀和促成帕斯捷尔纳克“悔过”等重要环节上都发挥了特殊的作用。很多年以后，她对自己发挥的这种历史作用深感内疚。

帕斯捷尔纳克准备为自由抛弃生命，但是却不愿意为自由而抛弃爱情。他知道自己“出去”（被驱逐出境）之后，不仅要忍受与最亲近的人天各一方的痛苦，而且，他最亲近的人还肯定会再次遭受“进去”的折磨。对这两种后果的想象都令才华横溢的作家心惊胆战。因此，向祖国和人民低下高贵的头颅成了他唯一的出路。

“诺贝尔奖危机”结束之后，帕斯捷尔纳克马上积极行动，准备与伊文丝卡娅私奔到一座偏远城市，让用自由换来的爱情不仅有文学的美感，而且有世俗的名分。但是在出发的前一刻，帕斯捷尔纳克又突然失去了勇气：敢于“自愿”放弃诺贝尔奖的作家最后还是不愿意放弃自己的第二次婚姻（他说他“不想伤害没有过错的人”）。饱经磨难的伊文丝卡娅终于没有机会肩挑起“第三任帕斯捷尔纳克夫人”的大任。

获得诺贝尔文学奖使帕斯捷尔纳克失去了一切。在随后的日子里，他为自己的“自愿”和“悔过”而痛苦难当。他做过两次引人注目的抗争：一次是在伦敦的报纸上发表了一篇牢骚满腹的访谈，另一次是在纽约的报纸上发表了一首怨气冲天的诗歌（诗歌题目是《诺贝尔奖》）。但是，这两次抗争都是虎头蛇尾，都以他闹剧似的辩解而草草收场。

1960年5月30日，也就是在他“自愿”放弃诺贝尔文学奖十七个月之后，七十岁的帕斯捷尔纳克悄然谢世。这特殊的一年一开始就对文学杀气腾腾：1月4日，四十七岁的加缪在回巴黎的途中因车祸丧生。加缪在帕斯捷尔纳克前一年获奖，并且极力促成他紧随其后获奖。他们的获奖与离世相距如此之近，却又形成了强烈的对照：关于帕斯捷尔纳克的死因，尽管历史和常识会得出“非常”的结论，他的死亡证明书上注明的却只是司空见惯的“癌症和心脏病”。也就是说，帕斯捷尔纳克死得“正常”。从年龄上看，他的死也完全可以被定性为“正寝”。而加缪不仅死于意外，他的死也是毫无争议的“夭折”。但是，夭折的加缪带走了永远的殊荣，而陪葬帕斯捷尔纳克的却只是无限的遗恨。

帕斯捷尔纳克的谢世使伊文丝卡娅失去了再利用的价值。而没有与帕斯捷尔纳克名义上的关系又使伊文丝卡娅毫无保护。几个月之后，她被以“倒卖外币罪”再一次被捕，并被判处八年徒刑。这一次，作为她的同案犯与她一起被捕和判刑的还有她自己的女儿。

伊文丝卡娅在接受劳改四年之后获释。她一直活到了“新思维”的年代，活到了她的祖国和人民以她的爱人为骄傲和自豪的年代。

冷战中的热点

1

1945年2月9日，正在前线等待下一步作战计划的索尔仁尼琴突然接到命令，要他火速回旅部报到。他所在的旅是苏联红军大举反攻的先锋，此时已经逼近波兰北部的边境。索尔仁尼琴八个月之前刚刚晋升为上尉。他踌躇满志，正幻想在历史的广阔天地里大有作为。

但是，残酷的现实与他的幻想完全相悖。当索尔仁尼琴带着对新任务的期待走进旅长（准将）指挥部的时候，他立刻被解除了武装。接着，两位他从没有见过的军官（一位上尉和一位上校）用严厉的声音向他宣布："你被捕了！"

这是对20世纪文学史做出了最大贡献的拘捕。1973

年12月28日，也就是这次拘捕将近二十九年之后，正在厨房里用午餐的索尔仁尼琴从一家西方电台的新闻节目里得知了《古拉格群岛》第一卷在巴黎出版的消息。小说主人公被捕的场面是这部轰动世界的文学作品中的关键细节。当主人公想要知道自己被捕的原因时，准将抢先问他，是不是有一个朋友在乌克兰的前线。准将显然是在暗示自己器重的下属。他当然希望他能给出否定的回答。准将的暗示使小说主人公隐约意识到自己与朋友之间那些畅所欲言的通信已经被"有关方面"锁定。但是，他来不及为自己开脱了。像在场的所有人一样，他被那两位陌生的军官对准将的咆哮怔住了。来势汹汹的军官斥责军衔高出他们的准将，称他"没有权利"向被捕者透露被捕的原因。

与这位轰动世界的小说主人公一样，二十七岁的索尔仁尼琴被不明不白地带离了历史的广阔天地。他没有能够在风华正茂之年一展抱负，与他的战友们一起攻入大势已去的德国，炫耀"追穷寇"的"剩勇"。

在索尔仁尼琴被带走的一刻，准将再一次无视军规，与他握手，并祝他一路平安。这仗义的举动成了维系索尔仁尼琴生命的"星星之火"。

这星星之火伴随索尔仁尼琴度过了随后漫长的苦难岁月，并且使他的文学最终得以“燎原”。1962年，他的处女作经赫鲁晓夫的恩准，由苏联最大的出版社出版。随着首战告捷而来的是一浪高过一浪的轰动。在被带离“二战”前线将近二十年之后，索尔仁尼琴通过他的文学走上了冷战的前线。他对几乎将他摧毁的专制制度进行大举反攻。这反攻如同他当年参与却被迫半途而废的对法西斯的反攻一样势不可当。他很快成为冷战时代最受西方关注的“持不同政见者”。他的每一部作品都能令冷战升级，而他的名声又随着冷战的升级而暴涨。1969年春天，以莫利亚克为首的五十位法国作家提名他为当年的诺贝尔文学奖候选人。索尔仁尼琴以不可思议的速度和实力逼近了他在劳改营里（当时他还没有发表过一个字）第一次听说并且开始梦想获得的殊荣。

他对殊荣的逼近使他的“祖国”又一次面临着严峻的考验。准确地说，应该是使他的“祖国”面临着“更加”严峻的考验。事情非常清楚，一旦被授予诺贝尔文学奖，这位曾经在战场上视死如归，又曾经在劳改营和流放地垂死挣扎，还曾经从“癌病房”死里逃生的斗士，肯定不会像十一年前他那位懦弱的诗人同胞一样，通过“自愿”的放弃来苟且偷安。面对这样的“莽汉”，他的“祖国”改变战术，以攻为守，抢在瑞典皇家文学院做出决定之前，宣布将当年呼声最高的候选人逐出苏联作家协会，剥夺了他合法的“作家”身份。

在他最权威的英文传记的作者看来，“祖国”的这种主动出击是索尔仁尼琴错失1969年诺贝尔文学奖的关键，因为瑞典皇家文学院无意让自己高贵的决定降格为粗俗的“对台戏”，令世人耻笑。当年的殊荣最后被转让给了《等待戈多》的作者。

然而，对索尔仁尼琴来说，诺贝尔文学奖已经不再是贝克特名作中的“戈多”。他的等待已经不会再遭遇太多荒诞的悬念。

第二年（1970年）的10月8日，索尔仁尼琴从一位朋友打来的电话里听到了自己获得诺贝尔文学奖的消息。这不太意外的消息多少还是令他感到难以置信。当时，他隐居在大提琴家罗斯托波维奇的别墅里，正全力以赴，准备向新作《1914年8月》的结尾冲刺。他开始并不想马上做出反应。但是，一个小时之后，罗斯托波维奇本人打来电话，证实消息来源确凿，并且敦促他尽快做出反应。

久经沙场的索尔仁尼琴当然知道这确凿的消息立刻会成为冷战中的热点。他迅速写下了自己的第一份声明："获奖令我感激。我接受这笔奖金。我将按惯例前往领奖。我很健康。我的健康状况不会是这次旅行的障碍。"他的态度明确而坚定。他的战术简单而实用。他提前粉碎了自己的祖国用臭名昭著的"健康状况"为理由来阻止他登上文学圣殿的可能。

两天之后，索尔仁尼琴收到了瑞典皇家文学院的正式电报。电报证实他因为"追寻俄罗斯文学传统不可或缺的道德力量"而被授予当年的诺贝尔文学奖。而在回电中，索尔仁尼琴除了重申自己在第一份声明中已经表达过的决心（也就是他不会因任何理由"自愿放弃"这份殊荣），还附和正式的"获奖理由"，强调他个人的殊荣属于整个俄罗斯文学，以及俄罗斯"苦难的历史"。

索尔仁尼琴为俄罗斯历史选用的形容词极为"露骨"。它显然是对幸福无比的社会主义祖国的公然挑衅。这种挑衅立刻遭遇到了他的祖国和人民最强烈的反应。与十一年前的帕斯捷尔纳克一样，索尔仁尼琴因为获得诺贝尔文学奖而成了“祖国的叛徒”和“人民的公敌”。

2

索尔仁尼琴的获奖不仅使他的祖国震怒，搅浑了已经被“布拉格之春”“五月风暴”以及“越南战争”等重大事件搅浑了的天下，还彻底激化了他的家庭矛盾。殊荣降临之际，索尔仁尼琴的家庭已处在崩溃的边缘。他想与一个娜塔莉离婚，与另一个娜塔莉结婚（一个有趣的现象：俄国文学史上有好几位知名作家的妻子与情人同名）。他已经在这两个年龄相差二十二岁的娜塔莉之间周旋好几年了。

作为妻子的娜塔莉以为获奖者的身份会让已经与另一个娜塔莉同居的丈夫悬崖勒马。她以托尔斯泰悲剧性的婚姻为先例，企盼俄罗斯此时最引人注目的作家也能够顾全大局：那位向往平民生活的伯爵一直坚守到了八十二岁的高龄，到了生命结束之前的最后两天，才冲破婚姻的牢笼，偷偷离家出走。然而，残酷的现实却与这罕见的先例相悖：新的身份不仅没有让索尔仁尼琴悬崖勒马，反而更加快了他想将另一个娜塔莉“扶正”的步伐。绝望的妻子终于痛不欲生，毅然吞服了过量的安眠药。这一壮举险些给已经一波三折的1970年诺贝尔文学奖又搭上一条无辜的人命。

顶住了江湖上惊涛骇浪的“莽汉”终于没有顶住后院的骚动与喧嚣。索尔仁尼琴不“想”与名义上的妻子共享殊荣，又不“能”与实际上的爱人同往圣殿。这尴尬的处境使他的立场发生了戏剧性的变化。因为来不及在领奖之前“破旧立新”，他最后放弃了前往斯德哥尔摩的初衷。

这一微妙变化使1970年诺贝尔文学奖的颁发成了难题。解决这一难题的最佳方案是将颁奖的地点改在苏联境内的瑞典“领土”，也就是瑞典驻苏联大使馆内。瑞典皇家文学院的这一建议被瑞典驻苏联大使勉强接受。他同意在自己的辖区范围内颁奖，但是却提出了一个奇特的附加条件：不能举行任何形式的颁奖仪式。瑞典大使给出的理由是大使馆“场地有限”。而索尔仁尼琴本人认为，获得诺贝尔文学奖不是见不得人的丑事。他坚决要求举行传统的颁奖仪式。双方的拒不妥协最终使1970年的诺贝尔文学奖不能如期颁发。

“场地有限”当然是瑞典大使的借口。真正的理由是这位老牌政客不想得罪苏联当局。因为他正觊觎着下一任联合国秘书长的职位，苏联的否决权可以轻而易举地毁灭他的远大前程。精明的瑞典大使几个月之后果然如愿以偿，顺利地当选为联合国秘书长。而他的精明酿成了迄今为止最难颁发的诺贝尔文学奖，创下了诺贝尔奖获奖声明与颁奖仪式之间“时差”的纪录。

1973年12月28日从西方电台传来的消息，也就是《古拉格群岛》第一卷在巴黎出版的消息，决定了索尔仁尼琴今后的命运。四十五天之后（1974年2月12日），他被克格勃从新妻子娜塔莉的公寓里带走。经过象征性的审讯之后，审讯者于第二天向他宣读了苏维埃最高法院的决定。因为他的一系列与苏联公民身份不相称的言行对国家构成了极大的危害，苏维埃最高法院决定剥夺他的苏联国籍，并于“当天”（也就是1974年2月13日）将他驱逐出苏联国境。

这位头戴桂冠的难民首先被西德政府收留。而有趣的是，西德当局也仅比索尔仁尼琴本人提前一天获悉他将被自己的“祖国”驱逐出境的判决（两天之后，这将是轰动世界的头条新闻）。当时，西德总理正在举行内阁会议，他的秘书将他叫出来，告知苏联当局通过外交途径询问他们是否愿意接收即将被驱逐出境的索尔仁尼琴。总理略加思索之后，让秘书马上落实具体的细节。

而索尔仁尼琴本人却并不知道自己的去向。听完最高法院的决定，索尔仁尼琴被重新押回牢房。他想与新妻子同行和见面的要求都被断然拒绝。他匆匆啃了两口面包之后，被直接押往莫斯科国际机场。七名克格勃官员和一名医生陪同他坐进了专门留给他们的头等舱位。这班飞机因为等待这一批特殊的乘客而延迟了起飞的时间。机长向早已经登机的其他乘客解释说，推迟起飞是因为有“雾”。这无伤大雅的谎言正好是这一突发事件很贴切的隐喻。

经过两小时三十分钟的飞行，将索尔仁尼琴“送”出苏联的飞机在西德首都波恩降落。在索尔仁尼琴准备跨出机舱门的时候，一位克格勃的官员递给他五百德国马克。那是他的“祖国”送给他的“告别礼”。接着，这位二十九年前没有能够随同他的战友们攻入德国的红军上尉作为冷战中的英雄，孤身踏上了德国的领土。一位地勤人员给他献上了一支玫瑰花。接着，西德外交部长的代表陪同他坐进一辆轿车。轿车直接驶向波恩近郊的一幢别墅。那是1972年诺贝尔文学奖获得者波尔的住地。稍事休息之后，索尔仁尼琴将在那位比自己晚两年获奖却早两年领奖的德语作家的陪同下，首次在西方媒体前亮相。

1974年12月，瑞典皇家文学院在斯德哥尔摩为索尔仁尼琴举行了1970年诺贝尔文学奖的颁奖仪式。至此，冷战中的这一热点终于化作历史的烟尘。

1970年被授予诺贝尔文学奖的时候，索尔仁尼琴最重要的作品已经完成却还没有出版。从这个意义上说，他应该是诺贝尔文学奖历史上唯一有可能“两次”获奖的作家。推迟的颁奖将这种“可能性”变相兑现，也使他四年前的获奖理由显得更为贴切。当索尔仁尼琴1974年站在诺贝尔文学奖领奖台上的时候，他已经是《古拉格群岛》的作者。这部轰动世界的作品使浓缩着俄罗斯“苦难历史”的“古拉格”进入了世界上所有语言的词典，变成了全人类对20世纪共同的“苦难”记忆。

语言、蝴蝶和彩色的螺旋

文学本来是与家园和母语密不可分的事业。但是，以各种冠冕堂皇的名义质疑作家身份的20世纪不仅让历史悠久的“流放”继续成为一些作家别无选择的厄运，同时也让名噪一时的“流亡”成了不少作家义无反顾的归宿。这被迫与自愿的人才流动造就了一个以母语之外的语言写作的作家群体，在20世纪的文学史上留下了特殊而醒目的痕迹。在这个群体中，由波兰语转道法语抵达英语的康拉德，由英语直达法语的贝克特，以及由俄语同时向英语和法语挺进最后雄踞英语的纳博科夫表现最为突出，他们通过语言的“变节”而成为文学史上永垂不朽的大家。

在他著名的随笔《为了取悦一个影子》的最开始，1987年诺贝尔文学奖获得者布罗茨基总结了这三位文学巨匠“求助于母语之外的语言”写作的不同理由。在他看来，康拉德这样做是出于“需要”，贝克特这样做是想寻求与现实之间“更大的疏离”，而纳博科夫的理由则是出于“燃烧的野心”。根据这种总结，纳博科夫的“变节”显然最为奢侈。

（附带说一句，纳博科夫的同胞及同乡布罗茨基本人可以算是这个“变节”者名单上的第四号人物。在三十二岁刚被驱逐到西方世界来的时候，他的英语水平还只是斑驳的皮毛，而到四十七岁那年站立在诺贝尔文学奖领奖台上的时候，他那高傲而深邃的随笔已经成为英语文学中深受同行尊敬的品牌。在那篇随笔里，布罗茨基宣称自己的“变节”仅仅是为了取悦一个影子：他心目中20世纪最伟大的哲人和诗人奥登的影子。）

事实上，英语并不能完全说是纳博科夫“母语之外的语言”。在1964年的一次访谈中，纳博科夫将自己定义为“拥有一个巨大书房的家庭中的讲三种语言的极为正常的孩子”。这句话像他的许多话一样也自相矛盾，因为能够流利地“讲三种语言”的孩子在任何地方和任何年代都不应该算是“极为正常”。他的一位传记作者曾经对纳博科夫的语言进行了市场细分，称他“在餐桌上讲法语，在儿童室里讲英语，而在其他的场所讲俄语”。从这个意义上说，像俄语一样，英语和法语都可以视为是纳博科夫的母语。他的父母用这三种语言与他交谈。在他的回忆录《说吧，记忆》的第十章里，纳博科夫用一段特殊的“记忆”来说明自己成长于其中的特殊的语言环境。那发生在他十一岁在柏林治病的时候。当时他的父母从圣彼得堡赶来看他。一天晚上，纳博科夫与他的父亲谈起自己对女性的感觉，他问父亲为什么自己一想到女性的身体就会有躁动不安的感觉。他的父亲正在翻读“德语”的报纸，他用“英语”向自己的孩子解释说，这不过是自然界里无数正常的因果关系之中的一种，就像羞耻会导致脸红、悲伤会引起眼泪一样。说到这里，他转而用“法语”对自己的妻子说：“托尔斯泰去世了。”这显然是他刚从“德语”报纸上读到的消息。听到这个消息，纳博科夫的母亲好像感觉到世界末日已经迫在眉睫，她用“俄语”惊叫道：“天啊，我们该回家了。”

20世纪90年代初由普林斯顿大学出版社出版的纳博科夫传记分《俄国岁月》和《美国岁月》两大卷。它内容一丝不苟，论断通情达理，文笔沁人心脾，被公认是纳博科夫最权威的传记。传记作者波伊德提到了十一岁的纳博科夫另外一段与语言和异性有关的经历。纳博科夫当时已经在翻译一部英文小说，那部小说中有不少关于女性身体的详细描写。而纳博科夫不仅不是将小说翻译成他的母语，也不是将小说翻译成小说，而是将这部英文小说翻译成“法文诗歌”。（这种语言的天赋让我想起与纳博科夫同年出生的博尔赫斯，他鲜为人知的处女作是他七岁那年用英文写的一份希腊神话的提要，而他的“作品二号”是他八岁那年翻译的王尔德的《快乐王子》。）集三种语言于一身的纳博科夫经常在中学时代的俄语作文中加入英语和法语的词句，因此得到了“好卖弄”的坏名声。

纳博科夫出生于1899年4月22日。他的家庭是十月革命之前俄国最显赫的家庭之一。他的爷爷是两位沙皇（亚历山大二世和三世）期间的司法部长。他的父亲也是著名的政治家，最后也在被布尔什维克革命推翻的临时政府中担任过司法部长（他特别为托洛茨基所不齿）。作为坚定的自由主义者，纳博科夫的父亲同情贫困、向往正义，并曾因参与“反政府”示威而遭沙皇的监禁。不过，他却终身执迷于贵族的生活习气，据说他连自己的衬衫都要专门送到伦敦去洗熨。纳博科夫的母亲也同样出自名门。他的外祖父通过开矿积累了巨大的财富，而他的外祖母与知识界的权威有血缘上的联系。这样一个显赫的家庭自然会有许多枝节的故事。在60年代中的一天（也是他名声如日中天的时候），一向对家庭隐私讳莫如深的纳博科夫突然对他的第一位传记作者费尔德严肃地说道："是的，有时候我觉得自己的身体里流淌着彼得大帝的血。"这著名的"肺腑之言"暗示他的父亲可能有更为高贵的出处，也为纳博科夫的血统布下了不解之谜。

充实的精神和奢侈的物质的完美结合是纳博科夫一生中长达二十年的"俄国时期"的特色。在父亲巨大的书房里，纳博科夫邂逅过无数名垂青史的先贤；而通过社会通达的网络，纳博科夫又亲历过不少货真价实的圣哲。托尔斯泰抚摸过他的头发。曼德尔施塔姆毕业于他就读的中学，并且为他们朗读过诗歌。传记作家格蕾逊将"语言的丰富"和"视觉的敏感"归结为纳博科夫为自己打开文学圣殿的两把钥匙。这后一把钥匙也与他的"社会存在"难舍难分：纳博科夫的母亲不仅在他的睡床旁用英语为他读故事，还经常让年幼的纳博科夫观赏和摆弄自己琳琅满目的首饰。纳博科夫自信是这后一种别有用心的熏陶成就了他“视觉的敏感”。事实上，这些首饰不仅有虚幻的美感，还有实际的功用。纳博科夫在1919年7月写给他的一位家庭教师的信中说，是他母亲用首饰支付了他在剑桥读书那三年的昂贵学费。

“视觉的敏感”与纳博科夫除语言之外的另一种“至爱”也应该有密切的关系。纳博科夫七岁那年在百忙的父亲的引导下迷上了蝴蝶。1908年，他父亲在被监禁期间曾经收到过一封偷偷带进监狱的家信，里面有九岁的纳博科夫最新采集的蝴蝶标本以及他对父亲最新采集的询问。在偷偷带出监狱的便条中，深受感动的父亲用事实打破了儿子的幻想：“监狱的院子里没有蝴蝶。”追寻蝴蝶不仅成为纳博科夫终生不渝的迷恋，还一度成为他赖以为生的职业。他刚到美国的第二年就被聘为哈佛大学比较动物博物馆的昆虫学研究员。在四十九岁那年成为康奈尔大学正式的文学教授之前，纳博科夫也兼有科学家、作家及教师三重身份（靠这三份微薄的收入他才足以养家糊口）。而他晚年未酬的壮志是编写一部关于欧洲蝴蝶的大作。在1963

年的一次采访中，谈及他与蝴蝶的关系，纳博科夫又一次抛出了耸人听闻的语句："是它们选择了我，而不是我选择了它们。"这就是说，蝴蝶是他宿命的一部分。就像琳琅满目的首饰一样，五彩缤纷的蝴蝶也宿命地雕琢和满足了纳博科夫"视觉的敏感"。

在他养尊处优的"俄国时期"，除了经常在欧洲度假之外，纳博科夫主要的生存空间是他们家在圣彼得堡市中心的豪宅，以及他们家在圣彼得堡郊外的别墅。这豪宅和别墅与当今房地产广告"隆重推出"的品种不可同日而语。纳博科夫五岁那年，沙皇时代著名的首届全国行政代表大会（俄罗斯国家杜马的前身）的闭幕式就在他们家的豪宅里举行。而他们家的别墅在第二次世界大战中曾经被德军用来做东部前线的总指挥部。更重要的是，纳博科夫本人十七岁那年从他的舅舅那里继承了包括一座豪宅、一座两千公顷的庄园，以及一大笔现金在内的巨额遗产，未到法定的年纪就已经成了法定的巨富。当时，他正在初恋和热恋。他用自己的钱将自己的情诗印了500册，在亲友中散发。那当然是纳博科夫最早的出版物。

但是，十月革命的一声炮响结束了纳博科夫"不劳而获”的“俄国时期”。1919年3月，反布尔什维克的武装在克里米亚被彻底挫败。绝望的纳博科夫一家在著名的塞波斯托港口挤上了一艘名为“希望”号的货轮，在接踵而至的苏联红军的子弹的“护送”下踏上了不归之路。如果不是求助于差不多四十年之后纳博科夫用母语之外的语言虚构的那个十二岁的美国少女，这显赫的家世大概从此就变成了如烟的往事。是名垂青史的“洛丽塔”在前苏联解体之后将纳博科夫一家带回了他们在圣彼得堡的故居。那里的一个很小的角落现在变成了名为“纳博科夫博物馆”的旅游景点。

2001年出版的《怀旧的未来》一书在西方文学批评界中产生过不小的影响。在这本从“怀旧”的角度讨论文学作品的书中有关于纳博科夫的专门一章（题为“纳博科夫的假护照”）。作者是纳博科夫的同胞，哈佛大学斯拉夫语和比较文学的教授。她在这一章中提到了纳博科夫家的门房。在《说吧，记忆》一书中那门房是纳博科夫初恋时的信使。后来，他成了带领苏联红军找到他们家保险柜的向导。门房的后人近年与博物馆联系，想将他们占有的纳博科夫家的物品卖回原处，但是博物馆却没有能力做成这笔怀旧的买卖。这篇文章中还提到了对纳博科夫的创作有深远影响的初恋情人有点反讽的下落：她留在了红色的祖国，并且嫁给了一名“契卡”（克格勃的前身）的干部。

1919年5月，纳博科夫一家逃到了伦敦。他们离父亲从前的洗衣店近了，却离他们习惯的安逸和奢侈远了。纳博科夫长达二十年的第一次“欧洲时期”从他的三年剑桥生活开始。据波伊德的记载，纳博科夫在剑桥的生活仍然比较舒适。他住在剑桥三一学院著名的公寓里。他隔壁的房间里住的是电子的发现者汤姆逊，而斜对面的房间是四百年前牛顿的住处。他在求学的同时也积攒了更多的恋爱经验。可是，这舒适和平静被另一场悲剧打破。在纳博科夫毕业前夕，他们家已经迁居俄国流亡者云集的柏林。他的父亲仍然积极参与政治活动。在一次由他主持的政治集会上，他用身体挡住了一个无政府主义者射向其政敌的子弹，从而结束了他向往自由的一生。

毕业之后，纳博科夫也回到了柏林。他靠教授英语、俄语、网球和拳击为生，开始了自食其力的生活。1925年，这个三十年后将用“母语之外的语言”冲击人们的性观念的破落贵族青年走进了他自己的婚姻。经历过少数证据确凿和少数查无实据的绯闻之后，这婚姻并无大恙，它一直陪护着纳博科夫走到了生命的尽头。就是在这个时期，纳博科夫第一次获得了他向往已久的作家身份。他开始用俄语写作，很快以“希睿”（Sirin）的笔名成了俄国流亡文学的名家。

但是，苏维埃的日渐强大极大地限制了俄国难民的文化扩张。而因为他的妻子是犹太人，法西斯的猖獗更是直接威胁到了纳博科夫的生存空间。在两股对立势力的共同挤压之下，纳博科夫终于不得不带着妻儿离开柏林。他们在巴黎暂住了一段，等待他们的“假护照”。最后在纳粹的铁蹄接近凯旋门的时候，纳博科夫又开始了他的第二次逃亡。

与二十年前的那一次逃亡不同，这一次，他已经是丈夫和父亲；这一次，他已经在俄罗斯的流亡文学中占有了一席之地；这一次，他几乎是身无分文；这一次，他的行李中装有自己的两部俄文小说和回忆录《这是我》（《说吧，记忆》最初的版本）的英文译稿……更重要的是，这一次，他携带着一笔奇特的精神财富：一年前（1939年），纳博科夫的头脑中突然出现了一个古怪的构思。他想用俄语写一部关于道德和欲望相冲突的中篇小说，小说中的男主人公结婚的目的是为了成为他妻子的女儿的继父，因为他对那个少女充满了幻想。

同样长达二十年的“美国时期”使纳博科夫成了我们所熟悉的纳博科夫。但是，要成为我们所熟悉的纳博科夫却并不是一件轻而易举的事情。一方面，为了养家糊口，纳博科夫必须用极度的耐心来压制“燃烧的野心”；而另一方面，刚刚登上“新大陆”的纳博科夫又一次遇到了与“身份”有关的老问题：他的身上背负着俄罗斯文学的伟大成就，但是这昨天的荣耀却很容易变成今天的负担。他自己也已经通过写作在欧洲的俄国流亡者中建立起了响亮的名声，但是这旧世界的资本却无法兑换成“新大陆”的通货。他到底要用什么以及怎样去征服那些对俄罗斯文学和他自己的光荣一无所知的美国读者呢？

他首先必须果断地完成一次文学的自杀，一次痛苦的“破”，然后他又不得不彻底地完成一次语言的“再生”，一次同样痛苦的“立”。于是，那个名为“希睿”的著名俄语流亡作家从此销声匿迹了，而中年的英语作家“纳博科夫”开始崭露头角。万幸的是，1950年，在他的第二次流亡生活基本上安定下来之后，纳博科夫想到了十年前他已经用俄语写出的那部构思古怪的中篇小说的提纲。“燃烧的野心”让他决定用英语将它写成一部长篇小说。很快完成的第一稿令纳博科夫极度失望，几乎被他付之一炬。而他于1953年完成的定稿，不仅没有能够如他所愿在《纽约客》上连载，直接在美国出版单行本的可能性也微乎其微。

1955年，《洛丽塔》的初版在法国出版。市场最初的反应几乎是悄无声息。但是，小说很快被英国大作家格林发现，他在《星期日泰晤士报》上将它列为1955年最好的三本书之一。这重大的发现将《洛丽塔》推上了登峰造极之路。三年之后，《洛丽塔》终于回到了自己的故乡，在美国正式出版。20世纪50年代后期的美国，朝鲜战争已经结束，令知识界诚惶诚恐的麦卡锡主义也已经降温。在艾森豪威尔治下，人民正安居乐业，休养生息。突然，从一位俄裔教授写的小说里走出了一个十二岁的小精灵和一个因她犯罪、对她犯罪又为她犯罪的老继父。所有人都有点沉不住气了。《洛丽塔》的出版抢走了已经在《纽约时报》畅销书版上雄踞近三十个星期的《日瓦戈医生》的风头。它成为1958年美国最重要的文化事件。它成为影响20世纪下半叶美国社会的“历史事件”。

这历史事件引起的轩然大波终于又将纳博科夫带回到了富足的生活之中。与四十年前“不劳而获”的优裕相比，这一次当然应该说是劳动致富。“夕拾朝花”的纳博科夫又一次不能安于现状了。尽管他在康奈尔有相对的自由和迷人的作为（他的学生中出了像品钦这样的大家。他给研究生出的论文偏题“分析福楼拜小说中‘和’字的用法”让人津津乐道。他的讲稿成为他死后出版的名著），纳博科夫还是决定再一次告别。1959年1月，将近六十岁的纳博科夫在康奈尔大学教完了他的最后一课。他将自己的作品掀起的狂澜置于脑后，带着鼎盛的名声和丰厚的版税，到阿尔卑斯山里捉蝴蝶去了。

纳博科夫的第二次“欧洲时期”在中立和低税的瑞士度过。他在这里以大师的身份接受采访，回忆过去的荣辱，评判文学的是非。他为电影大师库布里克准备了《洛丽塔》的电影脚本，他还再一次修订了他的回忆录《说吧，记忆》。他将自己年轻时代写的俄文小说译成了英文，将后来写的英文小说（包括《洛丽塔》）译成了俄文。像语言一样，蝴蝶仍然是他生活的主题（但是，他最终放弃了编写《欧洲的蝴蝶》一书的计划）。1971年，七十二岁的纳博科夫出版了自他十七岁自费出版的情诗之后的第二本诗集，诗集中包括三十九首俄文诗和十四首英文诗。有趣的是，这本诗集中还包括十八个国际象棋的棋局。这本诗集原文的题目是*Poems and Problems*（不妨译为《诗歌和棋局》）。纳博科夫用这直白的题目又一次“卖弄”了一下自己玩弄英文单词的绝活（我想也许正是为了这“卖弄”他才将棋局纳入这本诗集之中）。一个小小的遗憾是，纳博科夫没有能够将这个时期的长度拖延到二十年，让它与前三个时期的长度完全相等。他于1977年7月（距离自己八十岁生日二十二个月的时候）在瑞士洛桑的一家医院里离开了人世。

《说吧，记忆》结束于纳博科夫第二次逃亡的终点，也就是“新大陆”刚刚出现在远处的地平线上的时候。它事实上是纳博科夫关于他的“前半生”的回忆。这本书出版于纳博科夫开始写作《洛丽塔》之后不久。在出版之前写给出版商的一封信中，纳博科夫提醒他们应该在这本书的封面上强调他的美国公民身份。这个小小的细节进一步暴露了纳博科夫要成为一个“英语作家”的“燃烧的野心”。纳博科夫原以为这部苦心孤诣的回忆录能够给他带来广泛的声誉和稳定的收入。但是，结果却又一次与他的愿望相悖。就像纳博科夫本人一样，纳博科夫说出的“记忆”还要等待很长的一段时间才能激动读者的耳鼓。《说吧，记忆》成名于它的修订版，也就是成名于《洛丽塔》出版十二年之后。这似乎印证了纳博科夫本人在这修订本出版前不久的一次采访中说的话。他说：“洛丽塔是名人，我不是。我不过是一个名字不好发音的无名的小说家。”

幸运的是，这无名的小说家终于因为他的虚构人物而出名。他“并不如烟”的往事也从此引起了广泛的兴趣。传记作家格蕾逊称《说吧，记忆》是一块能够带领作者和读者在时空中自由穿梭的“飞毯”。她看到借助这“飞毯”，一头钻进圣彼得堡郊外沼泽地里的十一岁的贵族少年，在三十五年之后却从科罗拉多州的落基山中走了出来……他的手里仍然攥着三十五年前的那同一个扑捉蝴蝶的网袋。

事实上，没有无名的纳博科夫也就不会有著名的洛丽塔。纳博科夫用《名利场》杂志所称的20世纪“唯一可信的爱情故事"《洛丽塔》挑起了许多与文学有关和无关的激烈争论。首先，根据小说中零星的性描写是不是可以将《洛丽塔》定性为“色情”小说？生活于同一时代并都因“色情”而遭禁的英语作家劳伦斯（1885—1930）和乔伊斯（1882—1941）曾经就对方作品中的性描写互相指责。乔伊斯反感劳伦斯的直截了当，劳伦斯鄙弃乔伊斯的欲盖弥彰。而比他们小一辈的纳博科夫在两位大师死后多年又翻出陈年老账，升级了这连内行也不容易看出门道来的攻讦。他对劳伦斯毫不留情，利落地给他扣上“色情作家”的帽子；而对乔伊斯，他却心慈手软，只是对他行文的“不雅”加以挖苦和嘲讽。总而言之，他们都是前车之鉴。他自己要怎样才能够与这些“失足”的前辈划清界限呢？

文学难免不写“色”，文学必须要写“情”，但是，文学却不应该沉迷于“色情”。为了解决这个技术上的难题，纳博科夫还是从自己的强项（语言）上下手。《洛丽塔》的叙述者和男主人公本人是一位颇有功底的学者，他精通修辞的特效，尤其擅长“词不达意”。他的叙述在“事故多发地段”总是小心翼翼、拐弯抹角、避实就虚。有评论家曾经剔出《查泰莱夫人的情人》《尤利西斯》《洛丽塔》

三部作品中著名的敏感段落来做比较，结果发现借助他叙述者专业的语言才能，纳博科夫的确成功地避开了色情的嫌疑。

男女主人公关系的性质是关于《洛丽塔》的争论的另一个焦点。在小说之外，纳博科夫本人旗帜鲜明。他不仅经常强调自己“偏爱孩子”，而且在一次访谈中，更是明确地将男主人公定义为“一个装出动情的样子的自负又残忍的无赖”。但是在小说中，纳博科夫却蓄意混淆“是非”。事实上，经过纳博科夫的塑造，洛丽塔几乎从来就不是那么可爱，而深深地爱着她的男主人公（她的继父）却并不总是十分可恨。更值得注意的是，纳博科夫将男女主人公迈进他们关系最深处的“决策权”交给了十二岁的女方。在小说中，是洛丽塔本人在听到母亲死亡的消息之后不久主动向已经为她神魂颠倒的继父建议来尝试她刚从夏令营里学来的“游戏”。大概正是本于这一关键性的细节，加拿大著名作家戴维斯（Robertson Davies）坚称《洛丽塔》的主题“不是一个狡诈的成人怎样败坏一个天真的孩子，而是一个堕落的孩子如何利用一个脆弱的成人”。

纳博科夫的“表里不一”正好与他关于小说的看法相吻合。纳博科夫曾经机智地借用那个向村民们谎报“狼”情的孩子来说明小说的本性。那个著名的孩子为自己喊出的最后一次真话付出了生命的代价。在纳博科夫看来，小说是小说家的谎言，而小说家就是那个善于撒谎的孩子。如果高喊“狼来了”，而狼真的来了，这充其量不过是报告文学，而不是小说。正因为这样，听到小说家高喊“狼来了”，我们这些善良和道德的读者其实大可不必惊慌，因为，“狼”没有来，也不会来。

但是，尽管“狼”没有来，像《洛丽塔》这种高水准的谎言仍然足以引起我们内心的战栗和恐慌。对《洛丽塔》的解读想绕过“道德”的关口无疑是不大可能的。事实上，小说的第一句话就将小说定位为“忏悔”，将读者的注意力直接引进了道德的法庭。而在他的“忏悔”过程中，男主人公明确地将自己等同为“魔鬼”，让身心的困境直接与最肤浅的价值判断相联系。“魔鬼”是男主人公对自己真实的评价，还是纳博科夫“媚俗”的谎言？

纳博科夫本人自然不在乎“文如其人”一类的陈词滥调，但是，他对小说可能引起的道德纠纷还是心存顾忌。

所以在小说初版后不久写给当时最权威的评论家威尔逊（Edmund Wilson）的一封信中，纳博科夫强调这部小说表现的是一种“贞洁的”关系。这表明纳博科夫与他的男主人公在道德问题上有不同的看法。而另一位权威的批评家与纳博科夫看法类似。他这样评论说：“他（小说的男主人公）总是将自己称为魔鬼，而通过阅读我们发现，自己越来越不能同意他的这种说法了。”读者与人物观点的对峙显示出小说本身的魅力。

简单地说，《洛丽塔》之所以让我们战栗和恐慌，是因为它触动了我们每一个人的“隐私”：当我们在爱一个人的时候，我们在一定程度上是为了自己的满足。这普遍的“隐私”会让我们每一个人以各种不同的方式在情爱关系中跨越道德的边界。事实上，任何关系都是个体的欲望、神性的美感和集体的道德这“三要素”的自由组合。一种关系是否“贞洁”决定于这三者在总体中所占的比例。不幸的是，这种比例无法用简单的工具测量出来，而且它的指标又总是因人而异。因此，一种关系是否“贞洁”成了一个没有标准答案的难题，它通常不仅会令当局者迷惘，而且还会令旁观者困惑。

在我看来，《洛丽塔》最令人心旷神怡和眼花缭乱的特征还是它语言的精细。从这个意义上说，用原文（英语）之外的语言来读它，感觉应该会大打折扣。借用语用学的概念，我们可以说《洛丽塔》的语言是一种行为、一种动作。通过极其细微和精致的语言行为，纳博科夫将读者带到了人物情感鲜为人知的深处。而这种行为通常看似游戏或者杂技，它给阅读带来的是络绎不绝的欣喜和刺激。比如在第十八章中男主人公谈到了自己的地位的“升迁”，他说他从“房客”（lodger）变成了“爱人”（lover）。在这里，纳博科夫选用的英文词不仅的确压了尾韵，看上去还好像压了头韵。而在第十九章中，男主人公用不以为然的口气谈论起他新婚妻子（洛丽塔的母亲）过于健康的身体，他说对她尸体的解剖（autopsy）将会像读她的自传（autobiography）一样简单乏味。他选用的这两个英文词不仅表现了他对阻碍自己与洛丽塔关系发展的人的蔑视，而且autopsy的突现为洛丽塔的母亲死于车祸的重要细节埋下了伏笔。在《洛丽塔》中，类似的语言游戏俯拾即是。它自然是纳博科夫的“卖弄”，但同时，它也暴露了男主人公细腻的感觉和自负的个性。

我们还可以从许多其他有趣的角度去阅读《洛丽塔》。我自己在学生时代的一篇英文论文中讨论过私车在这部小说中的特殊作用。我注意到，私车为男女主人公关系的发展提供了最关键的空间。横穿美国大陆是许多优秀的美国小说的骨架，也是《洛丽塔》的重要结构要素。但是如果不是因为私车的存在，这种穿越不可能加速事态的发展和情绪的跌宕。事实上，私车将男女主人公的关系不仅带到了地理上的极点，也带到了心理上的尽头：他们第一次身体的接触发生在私车里；男主人公最重要的幻想和策划都产生于行车的过程，而特别值得注意的是，他所有的眼泪都流在私车里；还有，洛丽塔的母亲（男女主人公关系的最大障碍）死于车祸，还有男主人公最后陈述的也是一段被警车围追堵截的场面。——顺便说一句，我曾经看到过一张纳博科夫靠在自己车子的前排座位上，用铅笔在卡片上写作的照片。照片说明称他正在写的是《洛丽塔》的初稿。

当年《洛丽塔》刚传入中国的时候，绝大多数读者对私车还没有切身的体会。时过境迁，私车现在已经成为不少中国读者生活中的一部分。与此相应，中国读者的私生活也肯定发生了微妙的变化。在这种时候，带着理论联系实际的快感去重读《洛丽塔》，中国的读者也许会有许多新奇的体会和发现。在纳博科夫看来，他戏剧性的一生是“一个小小玻璃球里的彩色螺旋”。“螺旋”表现了纳博科夫对生命的积极和辩证的态度。如果将他二十年的“俄国时期”视为“正题”，他同样长度的第一个“欧洲时期”就可视为“反题”，而他二十年的“美国时期”正好就是对立统一的“合题”。不可理喻的幸运和厄运突然都有了存在的理由，它们被心平气和地理解为个人生活不可或缺的组成部分。事实上，“螺旋”也是纳博科夫20世纪最有影响的同胞（他的“俄国时期”的掘墓人）用来普及历史唯物主义的著名意象。不同的是，纳博科夫给自己的螺旋涂上了色彩。“彩色的螺旋”不仅又一次证实了纳博科夫“视觉的敏感”，同时展现了纳博科夫对生命的光明和积极的态度。更意味深长的是，这“彩色的螺旋”被局限在一个小小的玻璃球里……生命是有限的，透过这有限的生命陶醉于无限的语言之美，无限的自然之美，转瞬即逝的生命就获得了亘古不变的意义。

在1971年的一次访谈中，采访者请纳博科夫评估一下自己“在文学界处于什么位置”。纳博科夫的回答简洁、机智、豪爽，并且再现了他“视觉的敏感”。“从那上面看去，风景好极了。”他这样回答说。而我们从我们所处的山脚下远远地朝“那上面”望过去，也同样能够看到极好的风景。这是纳博科夫的生活和文学带给我们的感受和享受。这是语言、蝴蝶和彩色的螺旋带给我们的感受和享受。

马可·波罗的谎言

通过马可·波罗的视角，《看不见的城市》向读者展示了五十五座扑朔迷离的城市。有人说这五十五座城市代表五十五个女人，因为每一座城市都有一个女性的名字。还有人说这五十五座城市其实是同一座城市，或者说那五十五个女人其实是同一个女人。对一双阅历极为坎坷、神经又异常敏感的眼睛来说，在同一个女人的身上看到五十五种“风情”当然并不是特别不可思议的事情。

与那部对世界影响深远的《马可·波罗游记》不同，关于这五十五座城市的“真假”完全没有争论的余地：《看不见的城市》是卡尔维诺虚构的马可·波罗留下的谎言。也就是说，它本身就是“假”的。但是，这内容饱满又结构精密的“假”能够让虚构的忽必烈听得天花乱坠，并且信以为“真”。

这五十五座城市被细分为十一个系列，每一个系列包含五座城市。这十一个系列分别是，与“记忆”相关的城市（第1、2、4、7、11座城市）、与“欲望”相关的城市（第3、5、8、12、16座城市）、与“符号”相关的城市（第6、9、13、17、21座城市）、“脆弱的”城市（第10、14、18、22、26座城市）、与“交易”相关的城市（第15、19、23、27、31座城市）、与“目光”相关的城市（第20、24、28、32、36座城市）、与“名义”相关的城市（第25、29、33、37、41座城市）、与“死者”相关的城市（第30、34、38、42、46座城市）、与“天空”相关的城市（第35、39、43、47、50座城市）、“连续的”城市（第40、44、48、51、53座城市）以及“隐藏的”城市（第45、49、52、54、55座城市）。

迷宫般的《看不见的城市》就由这十一个系列交错而成。卡尔维诺再将这交错的链条分成九段，首尾两段分别包含十座城市，而中间的每一段都包含五座城市（注意：这个“五”对应着每个同类系列中的“五”，而“十”也正好是“五”的倍数）。这分出的九段构成了这部作品的九个章节。在每一章的前后，卡尔维诺又安排了一段由全知视角呈现的“现实”的场面。在这些场面中，马可·波罗与忽必烈形影不离，智斗不已。他们的语言充满了诗意和哲理，又总是扑朔迷离。他们还经常发生“误读”和“文化冲突”。这些场面好像是在挑战那本真假莫辨的《马可·波罗游记》。文学总是魔高一丈，它能够还原历史，又能够颠覆历史。

一位著名的学者告诉我，他读过《看不见的城市》的中译本之后，很快就对这“如雷贯耳”的作品失去了好奇和敬意。这一点都没有让我感觉奇怪。因为在我看来，这部作品是不容易，甚至不可能被“成功地”翻译成汉语的。它里面包含太多的黑洞，又包含太多的空白。黑洞里纠绕着无数语言和思想的“阴谋”，而空白本身又是语言和思想的“陷阱”。马可·波罗经常会选用读者习以为常的词，而他表达的却是这个词鲜为人知的意思。还有马可·波罗的思路不仅经常神出鬼没，还可能突然掉头，一下子就将读者带到了“看不见”的反面。我告诉那位学者，这样的作品只可能翻译成与意大利原文“共爷爷”或者“共太爷爷”的语言。我建议他去读威廉·韦维（William Weaver）的英译。

我一直认为，翻译是最伟大的文学实践，因为它明明是要“求真”，却往往成了“作假”，它挑战的精神活动中最本质的问题，它想成就的是“不可能”。我一直认为，翻译者不一定要有与原作者等高的功力和水平，但是应该有与原作者类似的兴趣和气质。在原作者是文学大师的时候，对翻译者的要求尤其如此。回到我们的具体情况，就是说，《看不见的城市》的翻译者除了必须具备相当的语言和文学功底之外，还必须具备数学和哲学的充分修养。我曾经这样想象他：他应该会写曲高和寡的小说或者诗歌，他应该对包括自然科学和社会科学在内的一切“知识”都有狂热的兴趣，他尤其迷恋哲学和数学，每天都要花不少的时间去冥想和演算……想象到这里，我自嘲地笑了，因为我意识到我“想象”的完全是我自己。我不可能是《看不见的城市》“理想的译者”。因为我有两大无法克服的“障碍”。一是生理上的“障碍”：我几乎不懂它原作的语言（虽然我一直都在断断续续地自学）；一是心理上的“障碍”：我坚信它不可能被“成功地”翻译成我的母语。

这就是我为什么要写那本题为《与马可·波罗同行》的“怪书”的原因。我坚信那本书呈现了用汉语接近《看不见的城市》的“最佳路径”。

我是在原作的兄弟语言或者堂兄弟语言的引领下深入《看不见的城市》的。不可思议的是，随着我对马可·波罗的谎言识别能力的提高，我对自己的母语也有了崭新的认识和感觉。在攻克下最后那一座“看不见的城市”的时候，我非常清楚我不仅成了一个征服者，同时也成了一个被征服者。总之，我已经不是从前的“自己”了。我被征服者的豪情和被征服者的韧性带进了不可思议的写作状态。我的写作不仅面对未来，还朝向过去：我在新作不断的同时，还用从《与马可·波罗同行》获得的对汉语的崭新认识和感觉重写了自己全部的旧作。

这肯定是一个文学的奇迹。我为这奇迹感谢卡尔维诺和他虚构的那个威尼斯商人。

亲爱的赫索格先生

1

那时候还没有人将《遗弃》与《狂人日记》做比较，但是却已经有人在报纸上将《遗弃》的主人公与“赫索格”相对照。二十四岁的《遗弃》作者受这类比的激励，用蹩脚的英文给《赫索格》七十四岁的作者写了一封一页长的信。他在信中引用了《遗弃》第7.21节开头的那个句子，似乎是想借此说明《遗弃》默默无闻的主人公与举世闻名的“赫索格”先生“同是天涯沦落人”。

那个现在经常被人引用的句子是：“任何制度都不可能挽救人的危机。”在1989年的春天，这当然是极不合时宜的句子，不管是从左的方向还是从右的方向看。

五个星期之后，《遗弃》的作者兴奋地拆开那封来自芝加哥大学“社会思潮中心”索尔·贝娄办公室的回信。信是用蹩脚的中文写成的，正好就像是对他蹩脚的英文的回报。写信人是贝娄办公室的一位工作人员。她首先转达了贝娄先生对年轻的《遗弃》作者的谢意。接着，她说夏天她正好要到中国来旅游，会经过他所在的城市，希望能够见上一面。她说她会给他带来一本由贝娄先生签名的《赫索格》。

没有想到“夏天”会以最经典的方式进入历史。六月底来自美国的信件是用流畅的英文写成的。写信人告诉《遗弃》作者，她预定在中国的一个月行程刚开始就结束了。她是六月二日抵达北京的，六月五日就在武汉登上了美国政府帮助美国公民撤离的包机。她谈到了她在中国三天“旅游”的感受，字里行间充满了人道的思绪和关怀。

贝娄的第一部传记2000年由兰登书屋出版。它的确是“读者等待已久”的传记，但它也同样是令读者大失所望的传记。我看到过的关于它的书评好像都出自同一位评论家之手，对它都是“全盘否定”。在马丁·艾米斯*The War Against Cliché*（《抵抗陈词滥调的战争》）一书（他的随笔和书评集）中，我也读到过这位贝娄的超级粉丝对那部传记的一段评价。他称它是“敌意、失实、粗糙”的“道德灾难”。

可是，在离我住处不远的那家公共图书馆的书架上遭遇这“道德灾难”的时候，我仍然感到了一阵“深度体验”的冲动。我还是充满好奇地将手伸向了它。

我首先好奇在我给他写信的那个春天里，这位对文学史产生过巨大影响的作家在忙于什么。答案出现在传记的第548页上：他正在忙于准备自己的第五次婚姻。经过四次惨痛的失败，七十四岁的贝娄仍然知难而进。他因此也打破了由哲学家罗素伯爵和那位“普通的古巴人”共同保持的诺贝尔文学奖获奖者结婚次数的纪录。贝娄一生中最后的婚礼在那一年的八月份举行。新郎和新娘的生理年龄相差四十三岁。

我其次好奇的当然是《赫索格》。这部以婚姻或者说以婚姻的失败为主题的小说出版于我出生的那一年（我注意到，那也是1986年诺贝尔文学奖获得者布罗茨基在自己的祖国受审的年份）。它的销售结果与作者本人最初八千册的估计大相径庭。它在畅销书排行榜上滞留了四十二个星期，仅仅精装本就卖出去了将近十五万册。

小说的主人公赫索格是一个性情古怪的犹太学者。他不断给早已不在人世的前辈写信，倾诉自己在婚姻生活中遭受的羞辱和他对前途和人生的绝望。这样一个边缘的人物怎么会激起大众的兴趣？这样一本如此个人化的作品怎么能够打破一个帝国的畅销书纪录？这不仅令批评家和出版商不得其解，也令贝娄本人不得其解。

事实上，不妨历史唯物主义一下，从美国的历史去理解这个销售的奇迹。艾森豪威尔治下（1953—1961）的美国是当代美国历史上的“和谐”社会，甚嚣尘上的麦卡锡主义被打压下去了，越南战争还没有到来（尽管艾森豪威尔本人提出的“多米诺骨牌”理论是那场战争的指导思想），冷战的白热化阶段也还没有到来……当然，还有美国国内经济的繁荣和人民生活的幸福。这一切最后都从“家庭”这个社会细胞的健康状况表现了出来：出生的高峰期出现了，房地产的开放活跃了，小资情调的“郊区”形成了……

可是，“任何制度都不能挽救人的危机”。一个性情古怪的犹太学者用自己的婚姻状况捅破了稳定和平静的神话。表面上“健康”的细胞其实并不健康，甚至可能从来都不健康。这是实话。这是没有人敢实说的实话。这是满足了时代要求的实话。这是必然会引起轰动的实话。

《赫索格》果然引起了轰动。情绪雷同的读者来信纷至沓来：几乎所有的男人都叫苦不迭，声称自己是婚姻的受害者，与赫索格同病相怜。而几乎所有的女人也都叫苦不迭，也同样声称自己是婚姻的受害者，并且都想从赫索格的原型这里讨得挽救婚姻的秘方。而贝娄本人怎么知道如何去安慰这些哀男怨女呢？他自己也同样是一只迷路的羔羊。“我的生活一团糟，就像所有人的生活一样。”他对一位采访者实话实说。

然而，与“所有人”不一样，大师能够将自己“一团糟”的生活转换成所有人都想和都能对号入座的作品。这可以说是“化腐朽为神奇”。这“神奇”将贝娄推上了美国现代文学那一排至尊者的座位。当然，他对“腐朽”也念念不忘。在著名的诺贝尔演讲中，他宣称：“我们的恶习和缺陷显示了我们思想和文化上的丰富，以及我们理智和感觉的分量。”

贝娄出生在蒙特利尔市西南角的拉西恩区（Lachine），

离我现在的住处大概仅七八公里。他是家中最小的孩子。九岁那年，他与家中的其他三个孩子一起在母亲的带领下偷越边境，非法进入美国。这一次好像只关乎家庭前途的冒险决定了20世纪下半叶美国文学的面貌。

2

《今天》杂志用2001年的冬季号做了一个“薛忆沩小说专辑”。这“专辑”中有一篇题为《相距十年的噩梦》的评论文章，讨论我的两篇“十二月三十一日”小说所呈现的两种性质不同的噩梦。第一篇小说的全名是《一九八九年十二月三十一日》，它所呈现的噩梦与我收到从贝娄办公室寄来的那封回信之后的历史有关，那是“历史”的噩梦。第二篇《一九九九年十二月三十一日》呈现的噩梦是“个人”的噩梦，它让文章的作者想起了贝娄笔下的著名人物：

> 这样的知识分子形象在中国的文学中非常罕见，他有点像赫索格。事实上，X也像赫索格一样写那些

无法投寄的信："亲爱的马丁内，大概有十年了吧，我一直在考虑给你写这封信……"他惨淡地写道："现在我想告诉你的是，我倒霉透顶了。"

"倒霉透顶"与"一团糟"好像真是有一定的可比性。它们都与婚姻或者说婚姻的失败有关。就在《赫索格》让贝娄名利双收的时候，他成为小说原型的第三次婚姻在激战中解体。而他同样在激战中结束的第二次婚姻的女主人再出江湖，要求他增加定期付给他们儿子的抚养费。在小说中视"婚姻"为一种"战争状态"的大师被现实拖进了一场局面更加复杂的战争之中。

还有更多倒霉的事。就在这个时候，贝娄受《生活》杂志之邀，准备写一篇关于罗伯特·肯尼迪生平的专题。他的身份得到了传主本人的认可，没想到却遭到了传主嫂子的反对。白宫从前的女主人对《赫索格》的创造者不屑一顾，用"出生论"当面质疑贝娄的"合法性"："一个在芝加哥长大的犹太孩子（指贝娄）怎么能够理解一个想为儿子买下总统宝座的爱尔兰天主教徒（指肯尼迪的父亲）呢？"这是令贝娄有口难辩的质疑。他只好谢绝了可以让他再一次名利双收的机会。

然而，能够“化腐朽为神奇”的大师好像需要通过“大乱”来成就“大治”。他将前三次婚姻的痛苦记忆都转嫁给了性情古怪的“赫索格”。三大战役下来，他已经确立了自己在文学史上的显赫地位。经过十年的休整，一场新的“战争”又开始了。这是一场长达十一年的“持久战”。贝娄继续扩大战果，在“战争”之初就赢得了两场让他的历史地位更加牢固的大捷。《洪堡的礼物》出版了……又是巨大的成功，又是可观的回报。第二年（1976年），《瑞典的礼物》也如期而至。

从前，他总是在一次战争之中就要发动（或者面临）下一次战争，他总是用新的战争去结束旧的战争。他好像不相信和平，也好像得不到和平。但是，和平还是渐渐地接近了他。他的第四任妻子是一位匈牙利裔的杰出数学家。她相信“得到爱然后失去好于从来没有得到”。这样的公式让贝娄不至于为赢得或者输掉又一场“战争”而付出惨重的代价。他一生中最后的这一次战争以和平方式结束。那不仅成全了至尊的文学家，更成全了杰出的数学家（她很快找到了幸福的生活，并且取得了更卓越的成就）。

贝娄的第五次婚姻已经只是他“一个人的战争”。他已经七十四岁了，他要为“余生”而战。他几次将自己从死神的手里抢夺回来。他在这从“白头”开始的婚姻中生活了将近十六年。这是他生命之中最后的十六年。这也是充满神奇的十六年：在其中的第十一年，八十五岁的贝娄出版了他的新作。这部小说将他如雷贯耳的名字再一次送上了美国各大报纸畅销书的排行榜。

而更为神奇的是，在小说出版的前一年，贝娄还有一部更不可思议的“作品”问世：他四十一岁的妻子为他生下了他一生中的最后一个孩子。

贝娄怎么能够在八十四岁的高龄有如此的“壮举”？当一位与他年龄相仿的读者向他打探创作那部“作品”的秘诀时，贝娄的回答充满了自豪和自信。他回答说：“实践，实践，再实践。”

看着贝娄躺在床上，举着那个可爱的小女孩的照片，我想，再过几年，她就会知道在将近六岁那年自己将近九十岁的父亲平静地离开了世界。她肯定不会有多少关于父爱的记忆。但是，她很容易在图书馆的书库里邂逅父亲的阴影，或者从教科书的文字里感受父亲的伟大。

贝娄自己的童年时代是在非常艰苦的条件下度过的。但是，艰苦的生活却给他留下了田园般的记忆。甚至八岁那年几乎将他置于死地的手术感染，都成了他的精神财富和“原始积累”。他有在皇家山上的维多利亚医院六个月的住院经验（这家医院是我每次翻山进城的时候都要经过的医院）。他的许多小说人物因此也都有了童年住院的经历。那些来源于生活的孩子们在恐怖的疾病中眺望着生命的欢乐，在阴暗的病房里期盼着希望的光明……与硝烟滚滚的成年阶段相比，贝娄记忆和小说中的童年时代充满了和平的气息。

后记：我有“守旧”的陋习，杂屋里堆满了十二年移民生活中积累下来的旧报纸：那些我还来不及看或者以后还想看的旧报纸。这些旧报纸经常会给我带来意外的惊喜。这部书稿完成之后的第十天，我无意中在一摞旧报纸里发现了从《伦敦书评》上撕下来的一页。那是2005年（将近十年前）我生日那天出版的《伦敦书评》里的一页。我估计当时决定保留这一页是因为它上面那一段关于波德莱尔的简短文字（《恶之花》的作者是出生于我生日那一天的最出色的写作者）。我对这段文字的篇幅和它在报纸上的位置还依稀有点记忆。重读了一遍之后，我随手将报纸翻过来。我大吃一惊：那里居然是一篇纪念“这个星期刚去世”的索尔·贝娄的长文。我对这篇占了一个整版的长文没有任何印象。作者的名字让我马上忍不住要读起来。与我年龄相近的詹姆斯·伍德（James Wood）是一位优秀的学者和作家。他曾经与索尔·贝娄在波士顿大学共同执教一门写作课，他在文章的最后谈及了他与索尔·贝娄合作过程的一个有趣的细节。而文章的重点涉及索尔·贝娄非凡的语言才能和他对英语小说文体的特殊贡献。伍德认为，从这两个方面看，贝娄就足以高居美国最伟大的小说家之列。文章也提到了贝娄的另一种贡献。伍德强调，贝娄的人物都是“高知的小丑”。而正是通过这些“高知的小丑”，贝娄发现了“现代性”的秘密：在现代社会，公共生活已经完全“驱逐”了私人空间。贝娄称这种“驱逐”是现代社会“独一无二”的发明。

生活的元素周期表

这本《元素周期表》的作者不是俄国化学家门捷列夫，而是他去世十二年之后才出生的意大利化学家普利莫·莱维（Primo Levi）。这本书的意大利文版出版于门捷列夫《元素周期表》的最后版本公布之后的第一百零四年。九年之后，这本书的英译本在美国出版并受到知识界的追捧。索尔·贝娄被这本书深深地打动，他宣称："这是下一部必读的书。"这接下来"必读"的书使化学家莱维在他的第一部作品《如果这也是人》（他关于奥斯威辛的伟大回忆）出版将近四十年之后终于赢得了文学史上显赫的地位。

很难将这本书放进贴切的门类。卡尔维诺给化学加上引号，称它是"'化学'的自传"。从书的第一章看，他的意思可能是说它是经过“化学”处理的自传。因为这一章是从惰性气体的名称和性质出发来追寻作者祖先“高贵、呆滞和稀落”的生活痕迹。而至少从它的最后一章看，这本书更像是“传记性的化学”，因为这一章是用诗情画意的文字描述“碳”原子如何挣脱石灰岩几亿年的束缚，经过光合作用的“狭窄的门户”步入生命循环的过程。

而仅仅从书的目录看，这本书很像是一本残缺不全的化学教材里关于“物质”的那一章或者是一家管理混乱的化工厂芜杂的产品介绍。读者肯定很少看见除了页码之外只含名词的目录。读者肯定从没有看见过这所有的名词都出自那张让许多人在青春期都提心吊胆的《元素周期表》的目录。这本书全部二十一章的题目依次是“氩”“氢”“锌”“铁”“钾”“镍”“铅”“汞”“磷”“金”“铈”“铬”“硫”“钛”“砷”“氮”“锡”“铀”“银”“钒”“碳”。在我遇见这本书的图书馆，它被安排在“传记类”的作品里。

这本书是一个在文学史上赢得了显赫地位的化学家通过元素的路标寻找到的往日的欢乐和忧伤。仅仅在“氩”这一章里，元素的性质是人物的性格的隐喻；仅仅在

“碳”这一章里，元素变成了主要的人物；仅仅在“铅”和“汞”这两章里，故事不是来源于“生活”。这两篇虚构的故事是作者在1941年至1942年之间写成，然后丢失，最后又在三十年过后复得的作品。除了以上四个例外，在其余的作品中，元素都是不可或缺的配角。对往日的记忆围绕着这些配角展开。同样，作者本人也不是主角。散布在作品中的主角是作者的同学或者同事，顾客或者顾主，亲人或者恋人，战友或者难友。通过他们的言语和行动，“我”一次一次地窥探到历史的奥妙，人性的秘密以及生活的真谛。

有太多的惊奇珍藏在莱维的文字里。比如两个昔日“无猜”的恋人在“磷”的最后一段相遇，他们都好奇为什么“一个托词，一种暗示，一次犹豫”会将他们送上不应该属于他们的“那两条分岔的小路”。又比如他的犹太“血统”使大学里没有任何教师敢聘请这位“优等生”当助手。在遭受无数次的拒绝之后，莱维决定走向他的最后一次失败。在“钾”的中部，他走向了那个人。他没有抱什么幻想，因为那可能只是另一个冷漠的人，另一个虚伪的人或者犹太人的另一个仇人。他说他想要那份实验室的工作。那个人吃惊地看着他。那是他终生难忘的眼神。接下来本应该是一段繁琐的盘问或者冗长的解释。想不到，莱维听到的却只是三个“来自福音书”的字。那个人平静地说：“跟我来。”那是他终生难忘的平静。

层出不穷的惊奇令我相信，《元素周期表》是一部必须被翻译出来的书。

幸免于仇恨的叙述

1943年12月，游击队员莱维被法西斯武装抓获。三个月后，他被送往奥斯威辛。同一批送抵奥斯威辛的650“件”人中的525“件”被直接送进了毒气室。莱维的专长使他能够幸存下来。战争结束之后，他像奥德修斯一样经历了千辛万苦才回到故乡都灵，回到他出生的那幢楼房里。莱维关于奥斯威辛的回忆《如果这也是人》初版于1947年。这本书是关于灭绝人性的“大屠杀”最人性的回忆。而莱维关于“回家”的回忆《停战》初版于1963年。这本书将读者带回了支离破碎的欧洲，让读者看到受伤的身体和灵魂怎样在康复的过程中继续遭受伤痛的折磨。

在《元素周期表》里，“金”是关于被俘的故事，“铈”是集中营的经历，“铬”是回家之后的遭遇。但是，正如在《如果这也是人》和《停战》中一样，在这些篇章中，仇恨完全没有立足之地。像许多伟大的作家一样，莱维疼爱语言。他不会容忍用肤浅的情绪来简化语言的细腻和折损语言的宽厚。他要用深邃的思想、沉静的观察以及充满希望的联想去滋养语言，给语言丰满的生命。同样像许多伟大的作家一样，莱维并不溺爱语言。他不会纵容语言的狭隘，不会纵容语言的残暴，不会纵容语言的贪婪。他要求语言美观、节制、从容和健康。也就是说，他拒绝用仇恨来哺育语言，又拒绝用语言来制造仇恨。

幸免于仇恨，作品中才会出现这样的场面："那个人第二天又过来了……我告诉他化验结果之后，他布满皱纹的脸上显出了复杂的微笑。他说：'我很高兴。我总是说事情很可能会这样结束。'"

接下来，这个前一天来到实验室请莱维做化验的人讲述了那包东西的来历。他是一个出色的鞋匠。他已经在那个行业里经营了三十年。不久前，一个年轻人在他的附近开了同样的生意。年轻人把场面做得很大，可是生意却并不理想。于是，年轻人开始编造和散布关于老鞋匠的谣言。他没有想到这反而更损害自己的生意。终于有一天，年轻人把那包东西送到了老鞋匠的店铺里。他说那是“糖”。但是老鞋匠说他的猫、他的女儿以及他自己试过一点之后都吐了。他怀疑那里面混杂了什么“脏”的东西。

老鞋匠娓娓道来，他的语体与莱维的文体非常接近，这大概就是莱维选择用直接引语来呈现故事的原因。听完老鞋匠的故事，莱维好奇地问他会不会去起诉那个年轻人。老鞋匠说他不会。他说他不想毁坏那个年轻人的生活。“这个世界很大，每个人都会有他自己的位置。”老鞋匠解释说：“年轻人不知道这一点，可是我知道啊。”

老鞋匠的话证实了莱维前一天对他的印象。他觉得他就像是一个乡土哲学家。前一天在他走后，莱维马上开始化验。他在这篇以化验结果为题的文章里极为详细地叙述了他的化验过程。关于化验的结果，莱维写道：“简单地说，它就是砷……”在我省略的那一部分内容里，莱维给出了两个典故。其中的一个极为通俗：它就是“包法利夫人的那种砷”。还能有对“砷”更揪心的解释吗？

这种“蓦然回首”式的用典是《元素周期表》让阅读惊诧不已的重要修辞手段。而莱维给世界带来的最大惊诧却是他结束自己生命的方式。《元素周期表》在美国出版并引起轰动之后的第三年，莱维在他出生的同一幢楼房里结束了自己的生命。他自由下落的身体与地板的猛烈撞击竟没有惊醒他九十三岁的母亲和他三十二岁的儿子。

“自己”的神话

如果以书籍来替换女人，一个供过于求的图书馆就很像是《看不见的城市》里“最‘短’的城市”伊希多拉：当你在两本书之间犹豫的时候，总会有第三本书突然出现在你的视线之内。那一天，*Myself with Others*（《自己和他人》）就是这样的“第三本书”。我在前两本书之间犹豫不决的时候突然就瞥见了它。我毫不犹豫地将手伸向了它。

这本书是墨西哥作家富恩提斯（Carlos Fuentes）用极为优雅的英文写成的随笔集。我故意将作家的名字翻译成富恩“提斯”，目的是要突出他与西班牙文学的伟大祖先之间的联系。这本随笔集分为三个部分。第一部分的题目是“自己”。收在其中的两篇文章的题目都以“我怎样”（*How I*）开始。《我怎样写我的一本书》一文用深奥又生动的结构解构作家“自己”一部小说复杂的创作过程。那部创作于1962年的小说的题目*Aura*是一个源于希腊文的字，原意是“微风”。根据《牛津字典》（*OED*）给出的三个词义，它可以译成“光环”“预兆”（在医学上特指癫痫发作前的预兆）或者“气息”……文章从小说的主人公下笔：那光环或者气息一般的少女在1961年夏天的一天跨过作家巴黎寓所客厅的门槛，进入了寓所的卧室。文章又以小说的主人公结束：原来这同一个光环或者同一阵气息是作家“自己”许多年以前在家乡遇见的一个孩子。她在作家巴黎寓所中的出现，只不过是光环或者气息引起的错觉和想象。

令作家感慨万千的是，许多年以前被他捕捉到的光环或者气息，最后凝固成了一部永恒的艺术品，而在这艺术品问世二十年之后，那光环或者气息却在他们首次相遇的地方彻底消散了。唤醒了作家灵感的少女最后是用自己的力量，将自己送进了永恒的黑暗……

玛丽亚·卡拉斯（Maria Callas）出现在这篇文章的后半部，出现在一次家庭晚宴的餐桌旁。作家为“自己”能够坐在20世纪“最漂亮的女人”和“最华丽的高音”身边而兴奋不已。他向自己的邻座表白说她是他心中多年以来的神话。

“你现在坐在了这神话的身边，”卡拉斯好奇地问道，“你又怎样看待她呢？”作家的回答避虚就实，充满了忧虑和关切。“我发现她的体重已经下降了。”富恩提斯这样说。他心中的神话用最华丽的笑声回应这充满忧虑和关切的发现。她当然知道她导致她体重下降的原因是无法降服的绝症。但是她并不知道那是她在自己早已经用的美貌和歌喉征服过的世界上的倒数第五个夜晚。她更不知道，三十年前，当她在墨西哥城的舞台上再现“茶花女”的时候，一部伟大的文学作品已经悄然地诞生在观众席中的一个毫不显眼的位置上。

一部文学作品有两个缪斯的情况在文学史上似乎并不多见。更何况这是两个地位悬殊的缪斯：一个是平凡的“村姑”、一个是神话般的巨星。富恩提斯对自己创作过程的解构让我对他的那部作品产生了极大的好奇。

《自己和他人》第二部分的题目是“他人”。其中的六篇文章分别谈论塞万提斯、狄德罗、果戈理、布努艾尔、博尔赫斯、昆德拉和马尔克斯。一眼望去，这些“他人”其实都是“自己人”。细读起来，所有的“自己人”又的确被进一步整合，最后与作家“自己”融为了一体。这六篇文章是智慧的狂欢节，是语言的狂欢节，也是作家“自己”的狂欢节……看作家“自己”是怎样与智慧和语言狂欢的吧——“堂吉诃德两次失去理智，一次是在他阅读的时候，一次是在他被阅读的时候”……“他（狄德罗）为欲望发明了时间”……“镜头可能是永远无法医治的伤口”……“1605年，两个年迈的傻瓜（堂吉诃德与李尔王）和一个年轻的刺客（马克白斯）同时出现在世界的舞台上，令两个世纪之间的过渡充满了戏剧色彩”。

如果《自己和他人》前两个部分的题目互为“正题”和“反题”，第三部分的题目就明显有“合题”的味道了。题为“我们”的第三部分里仅收入了一篇文章，是作者在哈佛大学的政治讲演。穿过“自己”的经历以及“他人”的经典，拉美文学爆炸中的这枚重磅炸弹突然将目标锁定在他的邻国。他代表“我们”对美国的中美洲霸权进行了毫不留情的轰炸。

似乎是有点跑题的“合题”让读者看到了整整一代拉美作家所面对的严酷的现实。这严酷的现实并没有妨碍《自己和他人》最终变成了“我自己”的神话。它是当我在两本书之间犹豫的时候出现的“第三本书”。这表面上“不经意”的出现其实可能就已经是这神话的起源。

谁读过卡夫卡？

富恩提斯不可能忘记第一次遇见昆德拉的时候，那个傲慢的捷克人问了他一个几乎是不需要回答的问题：“你读过卡夫卡吗？”

富恩提斯没有意识到这明知故问后面的陷阱。他轻松地回答了这个问题，不仅因为他的确读过，还因为他必须读过。

他的回答当然是昆德拉在提问之前就已经预知的。而他接下来的问题也是他在提出第一个问题之前就已经准备好了的：“你是用什么语言读的？”这已经不是提问。这已经是挑衅。

富恩提斯应该已经意识到了这一点。也就是说，他应该已经意识到了那个傲慢的捷克人已经知道他将怎样回答，他也应该已经意识到了那个傲慢的捷克人会对他的回答做出怎样的反应。他还是老老实实地回答了。他是用他的母语读的，换句话说，他读的是卡夫卡的西班牙译本。

不出所料，那个傲慢的捷克人果然将已经上了圈套的墨西哥同行“就地正法”。他毫不留情地对他说：“这么说，你从没有读过卡夫卡。”

这宣判中的第二人称当然应该被扩大为是“复数”。它将所有非德语的阅读者一网打尽。它当然也网罗了几乎全部的中国作家和读者：“这么说，你们都从没有读过卡夫卡。”

This I Believe（《这我相信》）是富恩提斯最新的随笔集。富恩提斯将这部随笔集献给他六年前已经走完了生命历程的“亲爱的儿子”。这忧郁的献词让我想起*Myself with Others*（《自己和他人》）中那篇关于两个缪斯的文章。生命一晃而过，而死亡的阴影却永远拖在大师的笔下。

根据护封勒口上的说明，随笔集的篇目按文章标题的起始字母以“A”到“Z”的字母次序排列。这种安排既有自始至终的意味，也有包罗万象的气派。这个说明让我马上就对许多篇目的标题有了预感。为了证实自己的预感，我首先翻到了其中的第K章。不出所料，这一章的标题就是“卡夫卡”。但是，它首先提到的却是同样来自布拉格的“另一个K”。标题中的K就是通过这“另一个K”向他的墨西哥同行提出的那个挑衅性的问题出场的：“你读过卡夫卡吗？”

我读到那句毫不留情的断言就停了下来。“你从没有读过卡夫卡”……我从没有读过卡夫卡？我感觉受到了羞辱，同时我又感觉那个傲慢的捷克人说的肯定很有道理。我相信这句话将永远盘旋在我的耳边，尤其是在我正读着卡夫卡的时候，或者刚读完卡夫卡的时候。哪怕我是用与德语属于同一个小家庭的英语读的，在那个傲慢的捷克人看来，我还是从来没有读过。

这危言耸听的断言将我的注意力吸引到了这“另一个K”的身上。我决定选择题为“另一个K”的那一章作为进入这部随笔集的入口。“1968年12月，三个颤抖的拉美人在布拉格车站走下火车。”我没想到入口的第一个场景就如此地现实，又如此地魔幻。

这场景中最打动我的当然就是“颤抖”。从气候上说，“12月的布拉格”当然就已经足以使任何一个拉美人“颤抖”了。但是，这三个拉美人是富恩提斯、马尔克斯和哥塔萨尔。他们是思想激进的左派知识分子，又是魔幻现实主义的小说大师，他们的“颤抖”有更深的原因：那是因为他们知道他们走进的是“1968年12月的布拉格”，是已经埋葬了“布拉格之春”的布拉格。事实上，当火车还在驶近布拉格的时候，他们就已经感觉到自己接受的是“死寂”的“邀请”。

富恩提斯称赞“难以重返又无法忘怀”的布拉格是欧洲最美的城市。他深情地写道，那独领风骚的最美不仅根源于“有太多的幽灵居住在那里”，还得益于1968年激情自由的春天。历史以这座城市的名字来命名那个春天。“布拉格之春”是那个春天“唯一的名字”。

对于深受欧洲文化和思想影响的文学大师来说，布拉格的最美还有更专业的理由：这座城市在半个世纪里为文学史贡献了两个K。一座城市还有什么更值得向世界和历史炫耀的业绩呢？

比较这两个K的文学，富恩提斯发现了一个有趣的现象。弗朗兹·K的人物需要变形成一只甲壳虫才能体会到生命的荒诞，而米兰·K的人物已经不需要这样的变形了。在我们这个时代，文学可以直截了当地让它的人物以人的形态去经受非人的待遇。也就是说，文学已经不再需要寓言的遮掩了。这标志着文学的成熟还是时代的衰败？

但是，生活还需要寓言的遮掩。作为这三个“颤抖”的拉美人的主人，“另一个K”只能将自己与他们的见面安排在桑拿室里，因为那是1968年12月的布拉格最安全的地方。那一丝不挂的“笔会”自然是超出了具有非凡想象力的魔幻现实主义大师们的想象。我相信，桑拿室的高温并不会减轻他们心灵的“颤抖”。

弗朗兹·K的甲壳虫仍然在米兰·K的现实中爬行。那是比魔幻还魔幻的现实。所有极权制度下的现实都是比魔幻还魔幻的现实。在这样的现实中，谁“没有”读过卡夫卡？

惊心动魄的入口

如果敢于亵渎神灵，不妨设想一下将我的“圣经”删减到只剩下一个句子。

这个句子将会这样展开：“许多年之后，当他面对着行刑队的时候，奥雷里亚诺·布恩迪亚上校将会回忆起他的父亲带他去看冰的那个遥远的下午。”

这就是《百年孤独》惊心动魄的入口。

这无疑是一个充满惊险和曲折的入口，本身就像迷宫一样的入口。为了确保阅读的顺利“进入”，我们不妨将这入口整理成一条与时间相应的线段。这线段的左端点当然是记忆中的“那个遥远的下午”，而它的右端点则处在那“许多年之后”。不难看出，与传统的顺叙和倒叙方式都不相同，小说的叙述是从这时间线段的中间开始的。我称这种叙述方式为半途而“兴”。

小说的叙述首先沿着时间的方向进行。不过它动作极为猛烈，一口气就跳过了“许多年”。这“许多年”的转瞬即逝带来了孤独的第一阵痉挛。但是，这跳跃并不是关键。关键是，它一口气就跳到了“行刑队”的面前。也就是说，在《百年孤独》的入口处，与孤独关系极为密切的“死亡”已经迫在眉睫。这种与死亡的面对带来了孤独的又一阵更痛苦的痉挛。

这个享誉文学史的句子的主体还没有显露，小说的主人公就已经站到了生命的终点。这意味着小说的叙述不可能再盲从时间的流动。它必须从相反的方向去扩展空间。它必须逆时间之流而上。

只有记忆能够帮助叙述完成这艰巨的使命。而记忆正好又是孤独最重要的资源。孤独的上校果然求助于“记忆”：他“回忆”起了“那个遥远的下午”。也就是说，叙述从时间的右端点越过叙述的起点，回到了时间的左端点。这显然是比那“许多年”更大的跳跃。而且，它还是更难的跳跃，因为它需要克服时间的阻力。

“记忆”带来了孤独的第三阵痉挛。它同时将叙述带回到了一个极为敏感的部位。出现在“那个遥远的下午”的不仅有深不可测的“父子关系”（孤独的另一种资源），而且更重要的是，还出现了一块神秘莫测的“冰”。

被主人公视为“我们时代的伟大发明”的冰是整部《百年孤独》的灵魂。事实上，它是一切时代最伟大的发明，因为它象征着孤独的起点，象征着神秘莫测的爱情。

就这样，“记忆”将叙述带到了孤独的起点。在这里，“爱情”并没有明确暴露身份，但是它已经拥有了自己的“体温”。这由冰决定的“体温”带来了孤独的又一阵痉挛。《百年孤独》将用它全部的篇幅去显现这种“体温”的创造力和破坏力。

从这惊心动魄的入口，我们可以看到整个《百年孤独》的结构：它的一端是“火”（行刑队即将开火）代表的死亡，另一端是“冰”代表的爱情。时间拉开了这两个端点之间的距离，而记忆则试图将这种距离抹去。孤独在时间与记忆的冲突中肆虐，它用“火”的热与“冰”的冷将人生和历史引向了一个惊心动魄的出口。

“圣经”的第一自然段

我的“圣经”初版于1967年。它的作者是哥伦比亚人，它的原文是西班牙文。因此，我的“圣经”不是始于“太初”，如《旧约》；也不是始于耶稣的家谱，如《新约》。我的“圣经”始于“许多年之后……”

这哗众的启动方式曾经激荡过许多人对叙事学的热情。那“许多年之后”的事件其实发生在故事结构的中部，因此，我们不妨将这种启动方式称为半途而“兴”。这第一个句子的短期目的显然是交代人物。但是，它的最后那个字却暴露出了它的长期打算：它已经在眺望小说第一章的结尾，或者说它已经在逼近整个小说的核心。在第一章的结尾，第一代孤独者称那个字命名的奇观为“世界上最大的钻石”。而饱经风霜的吉普赛人纠正他说那不过是一块“冰”。在小说之中，“冰”代表着百年孤独的温度。

《百年孤独》第一自然段的第二个句子设定了地点又暗示了时间：流过马贡多的河流清澈见底。河床上白色的巨石像“史前时代的蛋”。第三个句子进一步将时间锁定：那时候，“许多事物还没有名称”，人们要靠“指”才能“称”。而地点和时间刚刚确定，生活与“地点和时间”关系最为松散的吉普赛人就隆重出场了。在第四个句子的最后，读者看到了他们带来的大大小小的“新的发明”。

这些新的发明将要改变与世隔绝的马贡多的命运，因为它们撩动了孤独者“无法遏制的想象力”。由第五个句子引进的“磁铁”是吉普赛人演示的第一项发明。这项发明使“甚至那些丢失多年的物品都出现在被人翻找过多次的地方”。在吉普赛人看来，导致这奇迹的原因是“事物都有生命”，而这项发明的价值就在于能够“唤醒事物的灵魂”。

可是，小说中的第一代孤独者却偏偏要将这关于灵魂的发明下落到实处。他的想象力将他带到了想象力可以抵达的最黑暗的地方：他想象可以用磁铁去寻找金矿。吉普赛人的诚实无法阻止他。他妻子的纠缠也无法阻止他。他开始了狂热的寻找。他找遍了马贡多的每一寸土地。他唯一找到的是一具“十五世纪的盔甲”。

为什么一定是“十五世纪”？这遥远的数字有鲜明的指向：它指向西班牙，它指向征服，它指向与征服相伴的远离，它指向与远离相伴的思念，它指向与思念相伴的孤独。盔甲已经被时间锈结成了一个整体。在第一自然段的第十七个句子里，孤独者听到了来自这盔甲内部的“空洞的回音”，那是历史的回音，那是孤独的回音。

如果马尔克斯只想以大师自居，《百年孤独》的第一自然段可以在这已经道高一尺的第十七个句子结束。但是，马尔克斯显然有敏锐的自知之明：他知道他正在写作的是一部“圣经”。他要神化文学，他要神化写作，他要神化他自己。因此，他一定要写出第十八个句子，一个魔高一丈的句子。在这个句子中，锈结的盔甲将被撬开，必须撬开。

不出所料的是，读者看到了一具骷髅，而且是“钙化了的骷髅”。大出所料的是，这骷髅的脖子上还系着一个小铜盒。作者用一个动名词迅速打开了这个小铜盒，呈现在读者视线中的是一束令人心酸的“女人的头发”。

这一束“女人的头发”掀起了这波澜壮阔的小说中的第一个波澜。它将第一自然段的结尾与开始连接在一起。它将爱情与死亡连接在一起。它为一座想象的丰碑奠基。

马尔克斯没有去描绘孤独者经受这波澜冲击之后的反应。读者只能从阅读的惊愕中去想象主人公触目惊心的表情。

“圣经”的第二自然段

“圣经”（《百年孤独》）第二自然段的第一个句子就与第一自然段建立了密切的联系。时间仍然是“三月”，另一个“三月”；人物仍然是“吉普赛人”，同一群“吉普赛人”；事件则是作品中不计其数的“循环”之中最早完成的那个“循环”：这同一群吉普赛人在第二年的三月又出现了……他们的“返回”在第一代孤独者孤独的灵魂和生活中掀起了更大的波澜，因为他们带来了最新的光学成就：一架望远镜和一块凹透镜。

大部分读者在第二个句子之后，就有可能对即将发生的事件有模糊的预感。如果出现在第一自然段里的发明唤醒了孤独者对时间的感觉，最新的光学成就即将颠覆的就是孤独者对空间的看法。在演示完望远镜的奇迹之后，吉普赛人梅尔基亚迪斯宣称："科学已经消灭了距离。"他接下来的预言更是超出了光学的范围，弥漫着电子时代的魔幻。他预言说："过不了多久，人们足不出户就能够看到在世界上任何角落所发生的事情。"

首先迷惑住孤独者的是凹透镜的奇迹。他幻想它可以被改造成为武器，用来进行远距离的攻击。他不接受吉普赛人的解释和劝阻，用那两块毫无建树的磁铁，以及他妻子长年埋在床底下的私房钱，强行换得了望远镜和凹透镜。他不理睬他妻子的伤心和担心，坚持用自己的身体和自己的房子去寻找透镜的焦点。强烈的光线烧伤了他的身体，又差一点让他的房子着火……但是他最后却完成了精确的计算。他写下详细的立项报告。他托信使将他的报告带往首都，希望政府和军队的首脑会对他的项目发生浓厚的兴趣。

没有任何人对他的项目发生兴趣。漫长的等待没有任何的结果。孤独者又陷入了更深的孤独之中。梅尔基亚迪斯同情他的处境，如数退回他妻子的私房钱，换走了一事无成的凹透镜。同时，他还善意地留下了一些葡萄牙人绘制的地图和一些另外的天文仪器，并且为沮丧和空虚的孤独者写下了关于那些仪器的使用方法。

这些地图和仪器与望远镜一起，再次将孤独者带离现实，而且很可能是永远地带离了现实，因为它们将通过理智的力量让孤独者发现魔幻般的“外面的世界”。

他开始沉醉于望远镜的奇迹。他首先在房子的后里搭起了一间棚屋，在枯燥的分析和计算中度过了漫长的雨季。接着，他又整夜在院子里观察星移斗转。随着他看到的世界越来越大，他生活的世界却越来越小：他完全忘记了世俗的责任；他完全失去了日常的情趣。他养成了自言自语的习惯。除了那个无边无际的宇宙之外，他的世界里只剩下了方寸之间的自我。这两个体积上的极端都是孤独的家园。它们之间巨大的张力更加深了孤独对孤独者的煎熬。

孤独者必须要有所发现，才能够缓解这足以将他引向毁灭的煎熬。“突然”（这是阅读必须注意的一个关键词），转机出现了：混乱又沉闷的自言自语突然变成了一长串逻辑清晰得“可怕”的推测。在12月的一天中午，孤独者终于同时从那两个极端的世界里走了出来。他走近他正在吃午饭的孩子们，他走近未来的孤独者。他准备向他们宣布自己漫长的专注和狂躁的想象带来的颠覆性的发现。他准备向他们宣布“消灭了距离”的科学带来的颠覆性的发现。

在语言或者说语言的暴力出现之前，孤独者“令人敬畏的庄严”就已经震撼了那些幼小的心灵。孤独者孩子们的生命中从此就都被打上了这种特殊表情的烙印，这个特殊时刻的烙印。这就是孤独的烙印。这就是“百年孤独”的烙印。

“地球是圆的，就像一个橙子。”孤独者宣布说。他使用的明喻可能比他的发现更具颠覆性，因为它又是两种极端体积的对峙。这种对峙将阅读带进宇宙与生命之间的鸿沟，带进无限与有限之间的深渊。呼应第二自然段的开头，呼应吉普赛人关于“科学消灭了距离”的断言，这两种极端体积之间的对峙必然会激起孤独者的听者对“距离”的恐惧：距离是不可能消灭的。这是孤独的物理基础，这也是孤独的心理基础。这更是生活的奥秘。

因为这颠覆性的明喻，因为这颠覆性的发现，所有人都断定，“圣经”中的第一代孤独者已经完全失去了理智。

那一次没有终点的旅行

为什么马尔克斯要选择从自己二十三岁那年的那一次意想不到的旅行开始他的自传？《为叙述活着》从“我母亲让我陪她去卖那所房子”开始。这时候，这个名牌大学法律系的年轻人刚刚决定放弃令人羡慕的学业，准备投身于前途难卜的文学创作。他的决定令他的母亲心急如焚。

“去卖那所房子”只是母亲让儿子陪她回家乡小镇去的借口。母亲真正的用意是希望家乡的亲友们能够与她同心协力，规劝浪子猛醒回头。而马尔克斯之所以选择从这个节点开始他的自传当然不是因为他习惯了自己曾经震惊文学史的那种半途而“兴”的叙述方式。他有另外的理由，更重要的理由：那一次意想不到的旅行实际上是他“为叙述活着”的生命中注定的旅程。

这命中注定的旅程首先将年轻的马尔克斯带回到了忧郁的过去。当列车接近终点的时候，香蕉种植园“马贡多”的门牌又一次引起了他的注意。他的想象力和好奇心被“怀旧”的伤感击中。他想起了许多年以前的事，他想起了这名字在许多年以前就曾引起过他“诗意的共鸣”。忧郁和伤感让马尔克斯用另外一种目光打量自己的家乡：流经那里的河水“清澈见底”，河床上的石头又白又大，“像史前时代的蛋”……许多年以后，坐落在家乡河边的“马贡多”变成了《百年孤独》中往事云集的村落。

而更重要的是，这命中注定的旅行为马尔克斯开通了面向远大前程的道路。“推土机”掌握在小镇医生的手中。在马尔克斯的记忆里，这位医生是一个可怕的幽灵，因为从前他与同伴们潜入他的花园去偷杧果的时候，他枯瘦的身影总是会骤然出现在他们的面前。

这一次，是母亲将马尔克斯带到了幽灵的面前。

想象力无比强悍的马尔克斯当然不会想不到医生的第一个问题。那是所有大人们都会问到的同样的问题。面对医生关于他在大学里学习情况的询问，刚刚决定辍学的马尔克斯只可能给出拐弯抹角的回答。他的回答被心急如焚的母亲打断。她向医生投诉说，这异想天开的年轻人居然摆着律师不当，而要当作家。

想象力无比强悍的马尔克斯却怎么也不会想到医生对他母亲的投诉的反应。那是其他的大人们不可能有的反应。医生立刻露出了惊喜的目光。然后，他惊叹着说："这可是上天的恩赐啊。"

接着，医生兴奋地与马尔克斯谈起了作家和作品。他的兴奋当然令马尔克斯无比兴奋。往日的幽灵变成了此刻的知音。这是现实还是魔幻？在一段心心相印的交谈之后，医生对这个小时候经常到自己花园里来偷杧果的年轻人已经充满了信心。"我没有读过你的作品，但是你的谈吐已经像一个作家了。"他用鼓励的口气说。

这意想不到的场面当然让原本是来求助外援的母亲慌了手脚。她后退了一步，称自己并不反对儿子的选择。不过，她像所有负责任的家长一样认为，年轻人应该学一门可靠的专业，这样将来才可能有可靠的生活。

而年轻时也曾经向往写作的医生回应说，他自己的父母当年也是用同样的方式诱逼他弃文从医的。接着，他继续现身说法，对"可靠"论发起了出人意料的进攻："现在我成了医生。”他说，“可是我并不知道在我的病人中有多少人死于上帝的意志，又有多少人死于我的医术。”

母亲被医生的奇招逼到了最后的防线。她哀叹说，儿子放弃大学法律专业的学习就意味着他放弃了“一切”。

而医生乘胜追击，强调这种“放弃”正好就是“不可动摇的决心”的证明。他说艺术的神秘之处就在于献身者愿意为它奉献自己的一生而不求任何回报。他说在这个世界上，只有“爱情”具有同等的魔力。他最后更是行使医生的权威，断定去阻挠这种决心会对身体造成“致命的伤害”。

许多年以后，马尔克斯仍然对往日的幽灵如此奇特又如此强悍的推理充满了惊叹。这奇特又强悍的推理涵盖艺术、精神、命运、爱情，最后直逼死亡。它的特效就见证了它的力量。

心急如焚的母亲从此不再阻挠一意孤行的儿子了。但是，她还不可能知道自己安排的这一次事与愿违的旅行的历史意义。她还需要在懊悔和遗憾中等待十七年。她还需要等待“马贡多”在《百年孤独》中的出现和消失……

这是一次没有终点的旅行。它的行程将被阅读不断延续下去，延续到更远的百年之后，延续到更深的孤独之中。

给自己出的难题

有一天我突然给自己出了一道难题：中国当代小说中最好的开头是什么？

我立即想到了那个世界性的著名样本："许多年以后，当面对着行刑队的时候，布恩迪亚上校想起了他父亲带他去看冰的那个遥远的下午。"这被公认为是20世纪文学"最好的"开头。它一口气将"时间"（"许多年以后"和"那个遥远的下午"）、"死亡"（"行刑队"）和"爱情"（那神秘莫测的"冰"）推到了阅读者的面前，更何况它还有奇特的视角，在"许多年"的故事还没有呈现的时候就一下子将读者带到了"许多年以后"，而在这遥远的未来，主人公所要想起的却又是那遥远的过去。这个句子用极小的空间涵盖了孤独者整个的一生，也囊括了文学最基本的要素。

抛开关于时间的难度系数，我觉得，中国当代小说中“最好的开头”应该与这世界性的著名样本比较接近。也就是说，它应该有类似的效率：它应该以最快的速度触及时间、死亡和爱情。

我沿着这个正确的思路走下去。我认为，这里的“时间”不宜太短：“一瞬间”“一小时”或者“一整天”都嫌太短。太短的时间很容易让作品背上“现代派”的黑锅。但是，这里的“时间”又显然不宜太长。太长的时间会冲淡死亡的阴影又削弱爱情的力量，很容易将文学歪曲成历史。最好就以“年”来做计量单位吧，比如“三年”就比较适度。

“死亡”也是一个棘手的要素。因为这里出现了两个“子问题”：一是谁应该死；二是他或者她应该怎样死。在作品的第一句话里到底“谁应该死”，这显然是一个需要具体情况具体分析的问题。但是，“主人公不应该死在那里”却可以视为一个默认的规则（《百年孤独》的作者智慧地用两次时间的跳跃避免了“违规”）。另外，这开门见山似的死亡显然不应该带上太多的戏剧性。“行刑队”自然不利于安定团结，突如其来的疾病和灾难也很容易分散叙述的精力，有可能将叙述歪曲成为诊断和透视。最好还是不要出现“非正常的”死亡吧，或者死了就死了，不要急于去暴露死亡的原因。

重要的是，这死亡必须是面向未来的。它应该是叙述为即将到来的“爱情”奉献出来的祭品。“爱情”当然也是一个棘手的要素，甚至是更棘手的要素。它不应该也不可能在第一句话里面就迅速达到高潮。它最初的姿态必须非常隐蔽，非常克制。在第一句话里面，爱情唯一的作为就是与时间结合起来，就像“冰”凝固在《百年孤独》中的那个“遥远的下午”一样。而一旦与时间相结合，爱情就要准备忍受时间的折磨，以及这种折磨所带来的迷惘和孤独。动人心弦的故事通常就从这里开始。

经过以上的推理和分析，我已经依稀看到了自己的目标。我看见一个男主人公的“媳妇”在叙述的入口处已经死去“三年”了。他一定很想找到一个新的伴侣，因此他的还“没有”找到才引起了全知的叙述者的焦虑，也才调动善良的读者的同情。这个男主人公不仅身强力壮，而且行为端正。他可能还是生产队长并且还兼任民兵连长。以如此的体质、人品和事业，他不应该苦等了三年还“没有娶上”啊。这“没有”，一方面当然是因为复杂的“阶级斗争”形势分散了他太多的精力和时间，另一方面也是因为对“爱情”的渴望一直占据着他的心灵。这一次，他等待的不再是一个可以与他一起过日子的“媳妇”，而是一个能够与他一起经受“暴风骤雨”的伴侣和战友。他的心中已经有这样的一个人了，革命与浪漫已经出现了一次次的碰撞……

如果再想到男主人公的名字应该表达出对死亡的蔑视和对爱情的沉迷，我就已经成功地解答给自己出的这一道难题了：“萧长春死了媳妇，三年没有娶上。”这是飘荡在“艳阳天”上空的悬念。这悬念借死亡的机遇将爱情对准了时间之箭。

颤动在这“最好的开头”中的死亡和空虚（“没有”）给我的少年时代涂上了忧郁的色彩。那深深的忧郁引导我从仅有的一条杂草丛生的小路上走近了文学无奇不有的宝库。

一个生命的结束

八年以后，我才读到布罗茨基《论忧伤和理智》中最后的这篇随笔。这一次，布罗茨基仍然将高光直接打在文章的入口：

> 二十三年以后，与希斯罗机场移民官的对话很干脆。
>
> “是公干还是私访？”
>
> “你把‘参加葬礼’归为哪一类？”
>
> 他挥手让我通过。

我的翻译还是丢掉了原文的部分风韵。移民官例行公事的询问与旅行者实事求是却又出其不意的反问之间的冲突似乎能够翻译出来，但是“brisk”这个词就很难办。我将它译成“很干脆”是迁就了它“短促、轻快”的意思。而它还有“机警”的意思，还有“尖刻”的意思，这两层意思应该都包括在询问与反问的冲突之中。还有移民官简短提问中的“business”和“pleasure”也很麻烦。它们本来是英语中的大白话，到了这样“尖刻”的语境里，却变得妙不可“译”，因为它们不仅有自身的对立，还必须都与反问中的“葬礼”挂钩，而且这种挂钩更要求在提问的翻译中突出它们的对立。我原来绞尽脑汁将它们译为“公干”和“私访”。这一次，我觉得那样译有点“做作”，决定就将它们比较自然地译成“出差”和“旅游”（或者“度假”或者“休闲”甚至“消遣”）。但是这样问题真是很大！因为在汉语里，没有人会认为“旅游”（或者其他那些意思）能够与“葬礼”挂钩，反问的智慧和尖刻因此都会大打折扣。最后我还是决定使用原来有点“做作”的译法。读者将来还会看到，这个决定事实上也决定了我这篇短文的结尾，而结尾正是我这篇短文的关键。

死者斯蒂芬·斯彭德（Stephen Spender）是20世纪30年代因左倾的“新写作”而名声大振的英国诗人和评论家。布罗茨基随笔的第二节从“二十三年以前”开始。当时，布罗茨基刚被一个超级大国（他名义上的祖国）驱逐，正在前往另一个超级大国（他精神上的故乡）的途中。慕名已久的诗人在希斯罗机场接到了他，将他接到伦敦的家里小住。

这不是我第一次遇见斯彭德的名字，却是我第一次知道这名字的“重量”。两天以后，这名字的重量继续增加。它出现在我无意中翻到的一本1965年出版的关于“阿多斯·赫胥黎”的纪念文集的“头条”。

我决定了解一下图书馆里到底有多少他的书或者关于他的书。查找结果令我有点不知所措。我马上确定了一种“算法”，首先将屏幕上的那些书分成不同的类别，然后从每一类中再选出看上去最有趣的一种。

在“别人写他的书”里，我挑选了2004年Viking版的“权威传记”。这本书的第一部分谈论的就是斯彭德与他“失败的”父亲之间的关系。这种关系显然是诗人生活的起点。而传记最后一部分的题目是“九十年代：‘他不应该有的五年’”。题目中的引语是他的医生安慰他的遗孀时说的话。我可以想见画蛇添足的生活对一生都追求精练的诗人是多么的荒谬。

在“他写别人的书”里，我挑选了1975年出版的斯彭德为艾略特写的传记。斯彭德在这本“诗传”里加入了老朋友不少生活中的“趣事”。比如罗素曾经试图干预诗人“不愉快”的婚姻，结果却没有成功。原因在斯彭德看来非常简单，他说那是因为艾略特夫妇“喜欢不愉快”。

而在“他写自己的书”里，我挑选了斯彭德出版于1951年的自传。这本书的书名是《世界里面的世界》，与我第一部小说集《流动的房间》第一卷的题目惊人地相似。这惊人的相似又一次向我展示了“过去抄袭未来”的魔术。

最令我亢奋的是，在长得令我不知所措的书单里，我还发现了一本斯彭德写“我们”的书。这本题为《中国日记》的书极为详细地记录了他与画家大卫·霍克尼于1981年5月19日到6月11日在中国游历的经过（那正是我在长沙紧张地准备高考的时候）。因为他们要完成一部见闻，他们的游历也就兼有“出差”和“度假”的双重性质。《中国日记》共有二百页。而在我看来，它最有意思的部分也许是那长达十二页的后记。这篇后记来自游历结束七个月之后的一次谈话。这时候，诗人和画家终于“原形毕露”了：他们一边回忆访问的细节，一边畅谈真实的感受，发表了许多“奇谈怪论”。比如西安的导游在去景点的路上只顾与相爱的司机调情，忘记了为他们解说。两位艺术家不仅没有抱怨，反而称赞这是当时非常沉闷的中国罕见的生机。

我终于读到了八年前购于牛津大学Blackwell’s书店的这本《论忧伤和理智》的最后一页。在这一页，布罗茨基注意到许多人都感叹斯彭德的死标志着“一个时代的结束”。如果布罗茨基有同感，他就没有必要在希斯罗机场反问向他提问的移民官了。来向“一个时代”告别显然是一种“公干”。但是，布罗茨基对这种说法只有反感。他将出席朋友的葬礼当成是对朋友最后的一次私人探访。他更看重的是死亡的“个性”：死亡只是一个生命的结束，它与一个时代没有什么关系。

而死亡的“个性”正好就是死亡的神秘之处和神圣之处。

无穷大的《小于一》

1

已经将近六千个日日夜夜了，这本企鹅原版的《小于一》一直摆在我的床头。它是著名的企鹅20世纪经典丛书之一。依照丛书统一的体例，它封面下的第1页是书名和版权页，而紧随其后的是一整页的作者介绍。这本书的内芯已经与封面（和封底）分离了，作者介绍这一页也已经从内芯里脱落。这当然都是时间的印迹。而在作者介绍这一页右下方的空白处，那三行已经开始有点模糊的圆珠笔迹将时间的印迹呈现得更加清晰：23 August 1998/“Heffers”/Cambridge.

Heffers是位于剑桥大学三一学院正门对面的一家很

大的书店。我就是从那里购得了这本企鹅原版的《小于一》。时间是1998年8月23日。那距离现在已经将近六千个日日夜夜的日子，距离1996年1月28日也已经将近两年零七个月了。1996年1月28日是《小于一》作者的忌日。从那一天开始，他的朋友们就要“用过去时来谈论”他了。伟大的英语诗人希尼在他动人的悼词中写道，用过去时来谈论自己这位精神世界无穷大的朋友“就像是对语法的亵渎”。

2

我也写下了一篇很短的“悼词”，那里面充满了懊悔和自责。那时候，我刚刚开始重返文学的艰苦旅程：距离《遗弃》的“再生”还有将近两年的时间，距离《出租车司机》的“受精”还有将近四年的时间……在现在连没有文化的人都知道我的深圳，那时候还没有任何文化人知道我的存在。我的第二次文学生命还只能“用将来时去谈论”。在这样的背景下，题为《与布罗茨基无缘》的“悼词”不会因为我的名字而引起任何关注。

我懊悔和自责的是一次无法挽回的错过。前一年在欧洲旅行路过波恩的时候，刚走出火车站，布罗茨基演讲的海报就吸引了我的注意。我当时激动无比，感觉那就像是一种“缘分”。但是仔细一看，演讲的时间在两天之后，而我的行程只为波恩留出了一个晚上。犹豫了一天之后，我还是没有为“缘分”改变原来的计划。因此，我的“悼词”中出现了这样的自责：“在波恩盘算行程的时候，我完全没有料到五十五岁的布罗茨基竟会在几个月之后匆匆中断他的人生旅程。与布罗茨基无缘成为一种教训。从此，我一定不会再错过与精神的约会。”

就在这篇“悼词”发表不到一年之后，我又错过了另一次“与精神的约会”。

我后来为那次错过也写下了一篇类似的“悼词”。在那篇题为《与王小波的邂逅》的“悼词”中，我这样引用《与布罗茨基无缘》中的懊悔和自责：“人生无常，任何人都不能确保‘来日方长’。‘后会有期’也常常是无法兑现的承诺。你神往的人顷刻间就与你对立于生死两极了。不能相遇使没有相遇变成被剥夺了上诉的宣判。”

与这两次错过相关的人与事有许多的相似之处。其中最让我感叹的是死神激进的枪法：它两次瞄准的竟是同样的靶心。

3

死亡当然无法取缔“与精神的约会”，就像流亡不能摧毁“精神的家园”一样。布罗茨基的心脏被死神击中了，但是，他留下了《小于一》，无穷大的《小于一》。那是一个不朽的宇宙。那是人文精神的家园。

1964年3月，也就是在我出生前的一个月，不到二十四岁的布罗茨基在经过半年闹剧似的审判之后，被苏维埃政权以“寄生分子”的罪名判处五年徒刑。在一个极权国家，这不过是一次例行公事的判决。有谁会去想象它的后果呢？又有谁会想到它的后果呢？……好像只有阿赫玛托娃那样的诗圣才具备与未来合拍的想象力：她在审判开始的那一天就已经意识到了克格勃正在参与创造20世纪文学史上的一个奇迹。

我将这一判决当成是布罗茨基流亡生涯的开始，因为它确认了诗人与政权之间的对立。八年之后，苏维埃政权终于对维持这种对立失去了兴趣：布罗茨基因此被正式驱逐出境。他的流亡生涯进入了新的阶段。

这一年他三十二岁。他已经有很大的资本。在外面的世界里等待他的除了鲜花和顶级的媒体之外，还有奥登这样的伟大人物……但是他听不懂他的语言。而那是在外面的世界里最具霸权的语言，是能够决定他流亡生活格调和质量的语言。

就在布罗茨基被正式驱逐出境之后，他最著名的同胞同行也走上了流亡之路。这表面上对布罗茨基当然不是好消息，因为在冷战的棋盘上，这位属于父辈的同胞小说家的威力远非任何诗人可比（注意：诗高于小说是布罗茨基一贯的观点）。而实际上，这对布罗茨基是最好的消息。它敦促他迅速走出冷战混乱的残局。它敦促他走进无穷大的精神的宇宙。

布罗茨基在《小于一》中写道，他之所以选择用英语写作是“为了取悦一个影子”。那是奥登（在他看来20世纪最伟大的诗人和哲人）的影子。同样，我相信，他的这一选择也是“为了逃避一个影子”。那就是他最著名的同胞同行或者说20世纪最有影响的“持不同政见者”的影子。整部《小于一》中有多篇（超过三分之一的篇幅）向同胞同行致敬的文字，却不仅没有一篇涉及他那位最著名的同胞同行，而且连“索尔仁尼琴”这个符号都一次也不曾出现（或者只出现过一次？）。这当然是作者不会有任何懊悔和自责的“错过”，它传达的是一种倔强的意识形态和审美趣味。

4

流亡有没有终点？或者说，除了消亡与死亡之外，流亡还有没有其他的终点？这是一个深不可测的问题。反串爱因斯坦对量子力学家的调侃，我会说，这个问题表面上的答案完全掌握在“只会掷骰子”的上帝的手里。

上帝为布罗茨基单独掷出了一次这样的骰子：来到西方的时候，布罗茨基的头脑中只存有几个简单的英语单词。可是仅仅三年之后，他就开始用思想精锐和诗意浓密的英语随笔炫耀自己的文学天赋。《小于一》中最早的作品写成于1975年，最晚的作品写成于1985年。这是不可思议的十年。它不仅向我们展现了高古的巴洛克趣味，还向我们展现了抵达和占据世界上最具霸权的语言中心最不可思议的速度。1987年12月10日，四十七岁的布罗茨基登上了诺贝尔文学奖的领奖台。颁奖词中"思想清晰和诗意浓密"的赞美当然针对的是他居高临下的英语随笔。一个关于流亡的问题接踵而至：流亡者被戴上桂冠的时刻是不是就是他流亡的终点？

上帝还为冷战背景下所有的流亡者掷出了这样的骰子：20世纪最神奇的圣诞节出现了。1991年12月25日，表面上比所有这些流亡者加起来都要强大无数倍的苏维埃社会主义联盟停止了呼吸。这是正寝还是夭折，需要历史学家去辨析。但是这一变数马上将死者用将近七十年的历史制造的大大小小的流亡者同时推到了哈姆莱特的疑难处境。他们的问题随之而变：从能不能回家变成了要不要回家……而另一个关于流亡的问题也摆在了我们的面前：政敌的死亡是不是就是流亡的终点？

看看与布罗茨基地位最接近的两位流亡者的选择：同为"美国公民"的波兰诗人米沃什是1980年诺贝尔文学奖的得主。他将近五十岁（1960年）的时候开始流亡生涯，当时柏林墙还不存在。而在柏林墙被推倒之后（1989

年），他第一时间就回到了波兰，并且最后（十五年之后）也在那里寿终正寝。（注意：米沃什通晓多种语言，又是加州大学伯克利分校的教授。）而拒绝成为“美国公民”的索尔仁尼琴是1970年诺贝尔文学奖的得主。他被逐出“家”门的时候已经五十六岁。1994年，在驱逐他的政体分崩离析三年之后，他结束了自己二十年的流亡生涯，回到了莫斯科，并且最后（十四年之后）也在那里入土为安。值得一提的是，索尔仁尼琴始终没有学好英语，也无意学好英语。他既憎恶姓“社”也憎恶姓“资”，对极权政治和民主政治持同样激烈的反对态度。

再想得远一点，马上就会想到另一位进入了西方主流的流亡者，因为苏维埃政权的诞生而失去了家园的纳博科夫。如果他活到了九十三岁，是不是也会因为苏维埃政权的死亡而产生回家的冲动？

最平庸的头脑都能想象出“家”的温暖。这些明星流亡者的“回家”当然更是凯旋的盛典。等待他们的当然都是美不胜收的场面，包括络绎不绝的美言、美人、美食和美酒。但是，五十一岁的布罗茨基拒绝了最平庸的想象，就像《小于一》拒绝了所有的陈词滥调一样。

理由是什么？理由是流亡并不仅仅是将布罗茨基带进了与地理上的家相去甚远的另一个地理上的归宿，而是将他带进了超越时空的精神的宇宙，无穷大的宇宙。他因此不需要回家了。他因此也回不了家了。从这个意义上说，是无穷大的《小于一》让布罗茨基回不了家了。

布罗茨基曾经这样描述自己的身份："我是一个犹太人，一个俄语诗人，一个英语随笔作家，当然我还是美国公民。"他的描述隐瞒了他的犯罪记录：他还是苏维埃社会主义联盟的罪犯！他的流亡生涯开始于他被驱逐出境之前。甚至可以说，他其实从来就没有"家"。《小于一》中的最后一篇写的是他曾经在圣彼得堡住过的"一个半房间"。那略大于一的房间不是他的"家"，而是他流亡生涯的起点。

当"家"门大开的时候，布罗茨基选择了继续流亡。这不是能够延年益寿的选择。继续流亡五年之后的一天，他遭遇了死神的偷袭，倒毙在曼哈顿的寓所里。相比之下，与他处境相似又年长如父辈的那两位流亡者最后都在"家"里活到了21世纪。

1996年1月28日是他的忌日。而他早已为自己流亡生涯选定的终点是与《小于一》的巴洛克风格非常接近的威尼斯。

5

能够回家却拒绝回家的那五年应该是布罗茨基一生中最迷惘的五年，因为“思想清晰和诗意浓密”的80年代已经彻底过去。《小于一》属于那样的时代，而且有可能只属于那样的时代。它是无穷大的苍穹，渴望着仰望星空的沉静、庄重和虔诚……世界正在朝着相反的方向迅速扩散，它变得越来越扁，越来越轻。

这是信息的世界、技术的世界、娱乐的世界……在这样的世界里，那崇尚古典、崇尚秩序、崇尚力量的巴洛克美学有什么位置？

布罗茨基与巴洛克的关系是一个学术性很强的问题。一般读者不容易也不需要去做深入的了解。但是，布罗茨基美学中的许多高贵品质是需要我们怀着深深的敬意去感悟的，比如思想与诗意的和谐与交融……那就如同天衣无缝的性爱：每一个细节都荡漾着推波助澜的激情，每一阵沉默中都簇拥着含苞欲放的生机。

最让我感动的还是布罗茨基用他的美学完成了一项伟大的历史使命。我相信这完成就是上帝将骰子掷给他的用意之一。他不遗余力地整理被暴政摧毁的俄罗斯诗歌遗产，让阿赫玛托娃、曼德尔施塔姆和茨维塔耶娃变成了在世界上最具霸权的语言中几乎是家喻户晓的名字。去读《哀泣的缪斯》吧，去读《文明的孩子》吧，去读《一首诗的注脚》吧，去一遍一遍地读这些不朽的追忆和沉思……想想看，有哪一位中国诗人对同时代的同胞同行会有如此的情怀和敬意，以及如此精湛的解释力？

还应该去读《涛声》。（我更愿意将*The Sound of the Tide*直译为《潮水的声音》或者《潮水之声》，这样会留下对海岸和沙滩的联想。）这一次，布罗茨基将激情投向了"英语世界最好的诗人"。这位黑人诗人不会像他的那三位同胞同行一样受到权力的摧残，但是他已经受到了"黄蜂"的阻截（注：简缩词WASP指称占有话语权的中上层白人，它正好与wasp即"黄蜂"一词同型）。布罗茨基用毫不妥协的语气增援"潮水的声音"："你们有你们的上帝，我们有我们的沃尔科特。"

在他动人的悼词中，希尼赞美布罗茨基“不可摧毁”的原则性。那坚硬的原则既是《小于一》作者人格的力量，又是他美学的品质。

6

2014年11月30日下午4点30分，深圳南山文体中心剧场的大屏幕上出现了来自全国各地的十七位评委现场终选“年度十大好书”的投票结果。我在现场。我的《空巢》在大屏幕上。这并3不是让我觉得不可思议的事情。让我觉得不可思议的事情是《小于一》和《奥登诗选：1927—1957》也同时出现在大屏幕上。

我不相信现场的其他人会与我有同样的感觉，因为我不相信现场的其他人会与同时出现在屏幕上的那三本书有同样的关系。与《小于一》一样，《奥登诗选：1927—1957》也是我长年摆放在床头的书。这本Vintage出版社1975年原版的旧书是我十年前在住处附近的一座小教堂地下室的二手书市上，花一个加元（约合人民币五元五角）买到的（它里面还有前一位主人留下的大量的笔记）。与

《小于一》一样，它也是我经常在临睡前翻读的书。我的《空巢》能够与这两本贴身书的译本一起在深圳成为“年度十大好书”当然会让我感觉不可思议。

还有另一个理由。三年前，《上海文化》杂志社为了编一本关于城市的随笔集，请我推荐“必选”的原文。我马上就推荐了《一座改名城市的指南》。我说它是我读到过的关于城市的最深刻的随笔。当然，我提醒编辑说这也是一篇犀利的作品，有可能会遇到审查的麻烦。它果然没有获得通过审查。那部关于城市的随笔集里结果就没有包括“关于城市的最深刻的随笔”……没有想到，仅仅三年之后，《小于一》的全译本都居然成功地进入了图书市场！这是中国的现实，还是中国的魔幻？这当然会让我感觉不可思议。

7

但是，“全译本”？……我并不喜欢这样的强调。我甚至不觉得这是一个正确的说法。首先，“无穷大”是不可能“全”的，这是逻辑上的常识。其次，“译本”也是不可能“全”的，因为翻译就是一种丢失的过程，这是翻译的天性。“无穷大的《小于一》”将这两种不可能加在了一起，当然就更不可能“全”了。

关于翻译，我说过一句玩笑话，一句狗屁不通的玩笑话。我说：“有值得信赖的译者，但是没有值得信赖的译本。”我的意思是我们对译者应该有最大的宽容，而我们对译本应该有基本的怀疑。我的意思还包括在翻译的问题上，我们根本就无法去强求内容上的“全”，也不必去追求形式上的“全”。

一个典型的例子：简单到prose这样一个词的翻译就不可能“全”。每次与说英语的人说起自己是作家，都会被追问是写什么类型作品的作家。我的回答就会用到prose这个词：我是写prose的作家。对方哪怕只有八年级文化程度，马上也就会明白，我是一个“小说家”。但是，prose这个词的正确翻译却是“散文”。在《小于一》中，布罗茨基用一整篇随笔来讨论诗人茨维塔耶娃的prose写作（甚至让prose一词出现在标题中），这就给汉语翻译出了大难题。他专门列举的写prose的作家纳博科夫、托尔斯泰以及托马斯·哈代等都是堂堂正正的“小说家”。他特别分析了诗人的戏剧作品《卡萨诺瓦的结局》，那当然不是汉语概念里的“散文”。他还如此罗列prose这种体裁的“每一种形式”（every form of it），“短篇小说、故事（tale）、长篇小说”。这里没有“等等”之类的省略标志，也根本就没有包括汉语概念里的“散文”。所以，将prose正确地翻译成“散文”自然就会让译文出现不少的逻辑错误。的确，在绝大多数情况下，用“小说”来替换这篇随笔中的“散文”，译文都会显得“达”一点、“雅”一点。但是，这样的替换可能马上就会激起内行的不满和假内行的围攻，因为那是明显的错译啊，那会让译文不可“信”啊。翻译就是这样的尴尬！就是这样的尴尬！

所以，对于译者，我们不要去求“全”责备。而对于译本，我们也不必委曲求“全”。看不懂的段落跳过去就好了，不感兴趣的篇目翻过去就好了。只要你有对生命的悲悯，只要你有对文学的敬意，我相信，你一定会在某个地方停下来，比如《论独裁》吧。突然，你就会被布罗茨基美学的魅力抓住：它开始会让你毛骨悚然，它最后会让你心明眼亮。

8

十三年前移民加拿大的时候，《小于一》以及在它之前不久（1998年7月18日）购于牛津大学Blackwell’s书店的《论忧伤和理智》（布罗茨基的另一本随笔集）是我随身携带的少数几本图书中的两本。我当时主要还是将它们当成护身符，因为“一种我们称为流亡的处境”（借用《论忧伤和理智》中一篇随笔的题目）开始了，我有很多的不安，很多的迷茫……没有想到，护身符后来竟变成了“工具书”：蒙特利尔大学英语系“最老的全日制学生”的工具书。每次考试之前，我都会要留出二十分钟时间，翻读几页《小于一》或者《论忧伤和理智》，否则我对即将在考试过程中完成的论文就会没有把握。而到研究生阶段，就没有随堂的考试了，论文都在家里完成。这两本书仍然是我的“工具书”，尽管我论文的内容与它们根本扯不上关系。它们是我的楷模。它们给我的是精神上的支持，美学上的支持，道义上的支持……我在布罗茨基完成《小于一》的年纪变成了英语系里最优秀的学生。我的论文不断地获得教授们的赞扬和惊叹。当教授们对自己最老的学生“高雅”文体的出处表示好奇的时候，我的回答只会是：我受益于英语世界里最好的随笔作家，那位三十二岁还不懂英语的英语世界里最好的随笔作家。

与布罗茨基还有另一种“缘分”。不记得是在购买《小于一》的那一次还是随后的一次去英国。有一天，在离著名的伦敦大学亚非学院不远的一家书店里，看到了一本新上市的布罗茨基访谈集。这当然是一种滞后的声音，因为受访者已经去世几年了。我随意翻了几页，居然翻出了一阵浓烈的乡情。在一篇访谈里，布罗茨基谈起自己日常生活中的口味。他说他特别喜欢吃辣。采访者马上就提到了纽约的一家四川餐馆，问他是不是常去那里。布罗茨基果断地给出了否定的回答：他说他常去的是一家湖南餐馆。他接着说四川的辣不算什么，湖南的辣才是真正的辣。我一直有点得意这一种“缘分”：《小于一》的作者原来与我有类似的肠胃。

9

作为冷战政治的受害者，布罗茨基对一切将政治与文学纠绕在一起的行为和观念都非常反感。在他看来，所有的那种纠绕，不管它来自哪个方向，都是对政治的纵容、对文学的贬抑。他曾经用调侃的语气说“政治（politics）和诗歌（poetry）唯一的共同之处是它们最初的两个字母相同”。这与纳博科夫“国家元首的肖像不应该超过邮票大小”的说法有类似的旨趣。坚定不移地站在文学的立场上，绝不让庸俗的政治玷污高贵的文学，这就是布罗茨基“不可摧毁”的美学原则。这原则也是整部《小于一》的根基。

《小于一》是一本“无穷大”的书，我每次翻开它都会有新的发现，对它的容量、它的深度以及它暂时的边界的新发现。这“无穷大”有两个不可或缺的条件：一是作者从孩童时代就已经将自己与代表着群众和平庸的“一”分开，占据了有利的视角，“小于一”的视角；二是作者将自己全部的思想都聚焦于无限与有限的关系，并通过这个焦点识破了历史中所有的伪装和烟幕：权力是有限的，政治是有限的，独裁者的寿命是有限的……而文学是无限的，思与诗的美是无限的。

在领取诺贝尔文学奖之后，布罗茨基曾经反串首次登月的宇航员，称那由《小于一》带来的荣耀对人类只是一小步，对他自己却是一大步。现在,《小于一》来到了中国。现在是中国的读者需要跨出自己这一步的时候了。不管是大是小，我希望这是踏实的一步，而不是浮夸的一步。我的意思是，大家必须静下心来，盯住段落，盯住句子，盯住一个一个的词……盯住词后面更“小”的意义。只有这样,《小于一》无穷大的宇宙才会向我们敞开。

昨日的岛屿

在那篇题为《埃科与6月12日下午》的短文中，我谈到过1994年6月12日下午在加州大学伯克利分校遇见埃科的情况。那天下午，这位已经出版过两部风靡世界的小说的符号学家告诉参加第五届国际符号学大会的代表们，他还有“更多的”小说将要相继问世。《昨日的岛屿》是他的第三部小说，当然也就是那“更多的”中间的第一部。

埃科的第一部小说题为《玫瑰之名》。那是一部场景为一座中世纪修道院的侦探小说。埃科第二部小说题为《傅科摆》，它的渊源仍在历史之中，触角却伸到了信息时代，场景彻底开放。不过，它仍然是一部扑朔迷离的侦探小说。叙述的线条围绕着一套密码的破译过程展开，那套密码控制着具有极大破坏力的能量。

埃科的这第三部小说继续扎根于历史。它的场景是1643年的一只遇难的空船。年轻的意大利贵族罗贝托是那场海难唯一的幸存者。遇难的空船被定位在赤道附近的日界线上。罗贝托从空船上可以看到不远处的岛屿，但是，他既不会游泳，也找不到任何引渡的工具，那座孤岛就成了他欲望和想象的场所。因为空船的位置与岛屿的位置正好被东西时区的分界线隔开，罗贝托眼前的岛屿与他自己事实上相隔着整整的一天。这大概就是这部小说的题目所暗示的意思。埃科前两部小说的题目都可以准确地直译出来。这第三部小说题目的翻译则有点麻烦。它的意大利原文是*L'isola Del Giorno Prima*，直译成英文就是*The Island of the Day Before*。但是，译成汉语的话，“前一天的岛屿”听起来会让人感觉莫名其妙。我曾经建议将小说的名字译为“往昔的岛屿”，因为罗贝托在空船里消闲的活动是写小说和写情书：他完全沉浸在对往昔岁月的回忆之中。但是，这不仅偷换了概念，还丢失了原题中用时间来标识空间的绝妙。原题以直白之词显玄奥之意，这是埃科一贯的手段，不应该被翻译忽视。因此我最后觉得将小说名字译为《昨日的岛屿》比较合适。汉语的“昨日”不仅包含了“前一天”，也可上溯至“往昔”。地理上的微妙也勉勉强强被保存了下来。

埃科是当今西方世界最负盛名的学者之一。他任教于意大利波隆那大学，在哲学、历史学、文学批评以及符号学和美学等领域有着广泛的影响。他出版的学术专著在数量上远远超过他出版的小说。他的《符号学原理》《读者的作用》和《开放的作品》等著作都被视为是文学批评的经典。另外，埃科还是一个文化随笔大家。他的《误读》《对虚假的信任》等随笔集是后现代思潮的代表作。在这些随笔中，埃科用他的博学和机智为大众文化正名、呐喊。他的文风幽默顽皮。对这博学的大师来说，知识已经不再是力量，而是游戏和杂耍，是变相的娱乐。

这位可以戴上各种学术头衔的学者总是将小说写成百科全书。他用小说建造了各种跨学科的知识迷宫。而他的过人之处当然还是他对情节的设计。他的每一部小说都有引人入胜的情节。他首先用情节引诱读者，将他们骗进迷宫，然后再向他们灌输知识，让他们享受思想的快感和智慧的乐趣。

一些评论家（包括意大利本国的评论家）不承认埃科是一个合格的小说家。他们认为他写的小说不是小说，而是历史。埃科是不会有时间去在意这种批评的。他已经满腹经纶，他已经积重难返，他还有“更多的”小说要写。在将来那“更多的”小说中，我相信他仍然会一如既往：不管小说的场景多么生僻，不管小说的年代多么久远，也不管小说的情节多么离奇，它总是会给读者带来思想的快感和智慧的乐趣。

埃科曾经说，一切时代都有它自己的后现代。也许我们还可以据此说，每个人都有他自己所理解的后现代。埃科自信自己的作品是“后现代的典范”。那“后现代”也许只是他自己所理解的后现代，而那“典范”却无疑是我们这个时代公认的典范。

“开放的作品”与“模范的读者”

是阅读给时间涂上了色彩！我总是喜欢用阅读来标记那些流逝的年代。一个费解的书名、一位异常的作者、一段离奇的故事、一种狡黠的叙述……所有这些力量都有可能改变物理学的规则：那些流逝的年代突然又重新流向了我们，又重新浸透了我们的感觉。

仍然摆放在我深圳书架上的《傅科摆》是这部意大利小说的英译本。那是1992年夏天我在伦敦市中心皮克德利广场附近的一家旧书店里购得的。十年之中，我一次一次地进入它，但是每一次的进入都不够强悍，也不能持久，而且也从来没有出现过快感……我又一次一次地退出来，那绝望的退出让我看到了自己知性的“虚”，也让我更加敬畏这部作品的“实”。直到一个月之前，直到我得到这部意大利小说的法译本之后，这种“虚”与“实”的对峙才奇迹般地瓦解。我完全没有想到，快感居然会那样强烈。我的阅读显然是触到了小说最敏感的神经，也触动了我似乎已经麻木的心灵。

第一次触到和触动发生在一个天色阴沉的下午。我的儿子正在蒙特利尔大学音乐系的一间琴房里上钢琴课。他练习弹奏的是一首德彪西的前奏曲。我像平常一样坐在琴房的一角。但是，我没有像前两次一样百无聊赖地望着窗外山坡上的积雪。我被贝尔波神秘的电脑里的那个奇妙的文件名吸引住了。阅读的速度突降下来。我开始“精读”那份奇妙的文件，一直读到最后的那两个“条件式”（法语的一种动词形式）。这时候，我抬起头来，痴痴地望着窗外的山坡。我在想象着“文件”提到的那“围绕着心灵的三个女人”。我想她们是所有人的恋人，所有男人和所有女人。我想她们更是所有人的“所有的”恋人……我这样想着的时候，一阵狂风吹过来，掀动了山坡上的积雪。

与他震惊西方世界的第一部小说《玫瑰之名》一样，埃科的这第二部小说也分成十章。这似乎是与基督教传统有关的一种体例。这一次，埃科还故意用与宗教渊源的古代语言中的"大词"来命名这些篇章。我们可以勉强地将它们依次翻译成："圣""慧""智""爱""力""美""胜"(或者"忍")"尊""本"。这些"大词"与它所标识的篇章的内容到底有多大的关系？这肯定是一个会引起争议的话题。

事实上，对于《傅科摆》，恐怕只有它的"故事梗概"不会有太大的争议。这是一部"百科全书似的"作品，关于它的争论也同样有可能是"百科全书似的"。埃科曾经为自己的《玫瑰之名》写过一本有口皆碑的"注释"。那部小说的故事集中在短短的一个星期之内发生，而《傅科摆》却摇摆于漫长的七个世纪。它显然是一部更加复杂的小说。但是，除了在《文学》杂志1989年4月为配合法译本的出版做的一个谈话之外，埃科本人几乎没有对小说中的种种疑问给出过解释。为什么？这种"行为艺术"让这部备受关注的小说又多出了一个卖点。"有太多话要说"和"没有什么话可说"都可以成为沉默的理由。无论是哪种情况，沉默都是含金量最高的姿态。

一个争论的焦点是小说的名字里，"傅科"到底指称何人？（关于《玫瑰之名》的名字也有过类似的争论："玫瑰”到底何所指？）埃科自己说，它指称的是设计了那座具有历史意义的“摆”的19世纪的法国科学家利昂·傅科。而不少学者断定“其中有诈”。他们更愿意它指称的是20世纪的法国哲学家米歇尔·福柯。最基本的证据是：小说的主人公贝尔波死于1984年6月23日到24日之夜，小说的叙述者也在26日到27日之夜结束了他叙述的历程，而现实中的哲学家米歇尔·福柯死于1984年6月25日，死于当时备受关注的艾滋病。

还有不少人注意到埃科前两部小说之间的关系有点像《尤利西斯》和《芬尼根的守灵夜》之间的关系。也就是说，从《玫瑰之名》到《傅科摆》，埃科从一种相对具体的历史进入了一种更为抽象（比如思想或者语言）的历史。埃科是乔伊斯专家，将他创作的进程与乔伊斯艺术的发展做类比不是没有道理。但是，我更注意的是埃科在《傅科摆》中掺入的那许多自传因素，比如他在出版社的工作经历等。无论是在叙述者卡索邦还是在主人公贝尔波的身上，读者都可以看到青年埃科的影子。因此，我觉得小说也很像是《青年艺术家的肖像》。

关于埃科的争论有时候会发展到“入魔”的程度。不久前在美国出版的一本埃科评论专著里有一节的标题居然是“埃科是否真实存在？”我知道他真实存在。因为1994年夏天在加州大学伯克利分校举行的第五届国际符号学大会上，我每天都看到他。有一天，他就坐在我旁边过去两个座位的地方，肆无忌惮地打起了瞌睡……当然，那个耸人听闻的标题提出的是一个学术问题，而不是警方的案例。专著的作者试图用符号学的方法分析埃科创作风格的不断流变。这个很小的例子告诉我们，关于埃科的争论就像埃科的作品一样，是朝想象力完全“开放的”。

“开放的作品”是埃科最著名的文学理论。他声称他的作品从不将固定的结论强加给读者。他声称他的作品只是一台充满冲突的戏剧表演。他声称他之所以不去强加不是因为他的作品没有结论，而是因为它有许多可能的结论。他认为小说的任务就是呈现冲突，而让读者自己去选择结论。“在这种意义上，创作的文本就是开放的作品。”这就是他关于小说的结论。

埃科的文学理论彻底打破了作者与读者的传统关系。它是文学“民主化进程”中的重要环节。作品的教化职能被取缔了，作者的独裁地位被颠覆了……作者不再是指点迷津的先知，他需要“重新做人”。

但是，“民主”制度有先天的缺陷。获得解放的民众会不会蜕变成无法无天的暴徒？埃科注意到了这种危险。他强烈反对对文本的“过度诠释”。他声称：“我接受一个文本有许多意义的说法。但是，我拒绝一个文本有所有意义的说法。”他用“模范的读者”理论来制衡因“开放的作品”理论而获得解放的读者，防止他们滥用手里的权力。“模范的读者”就是那些能够在文本的“许多”意义中找到意义，而不会去胡编乱造出“所有”意义的读者。对于《傅科摆》这样的作品，埃科调侃地说，“模范的读者”应该是通灵的阴谋家、文学理论家和神秘哲学家的混合物。

每一个作者对自己的写作都有一种期待。卡尔维诺说，他想写的是那本从来没有被人写出来的书。这是他对自己写作的期待。他在巴黎频繁出没的那个文学小团体里拥有多位具有国际声望的大作家。他们都看重文学与数学的关系，甚至相信文学就是数学的一个分支。在他们看来，文学创作是一种超常的智力活动。这当然也是智力超群的埃科的信仰。他对自己写作的期待应该与他的同胞相似。他写出的是对读者“开放的作品”，却不是对其他写作者开放的作品。他的所有作品都是只能由他写出来的作品。

同样，每一个读者也应该对阅读有一种期待。作为一名普通的读者，我总是期待能够读到自己从来没有读到过的作品。有许多作品在被翻开之前就是已经读过的作品，因为它们完全包括在那些已经读过的作品之中。而有些作品，哪怕读过许多遍，却仍然散发出阅读无法抗拒的诱惑，却仍然能够形成我对阅读的期待。作为一名同时还是作者的特殊的读者，我对阅读还有另一种更高的期待：我总是期待读到自己永远也写不出来的作品，读到让自己深感羞愧和敬佩的作品。《傅科摆》同时满足了我的这两种期待。

现在，这部小说的中译本也出版了。这部意大利小说对汉语的“开放”既是汉语的荣耀，也是这部作品本身的荣耀。好奇的读者不妨去买一本来，放在书架的显要位置上，等到一个最合适的日子再将它翻开。说不定你马上就会发现，自己就是这部高智商作品的“模范的读者”。

那一天因此就被你的阅读涂上了色彩，那一天因此就成了你终生的记忆。

在黑暗中窥探

当年因为战乱的关系，西南联大外语系莎士比亚课上的教材没有及时运到。任课的英籍教师就凭着自己的记忆将要讲授的悲剧一行一行地抄写在黑板上。后来，教材到了。学生们惊诧地发现，他们行止古怪的英籍教师的记忆居然“完全”忠实于原作。这不能不激起他们对这位教师终生的崇敬。

这位英籍教师毕业于剑桥大学的数学系。后来，他又继续在那里学习文学。他在二十三岁那年（1930年）出版了他的成名作《歧义的七种类型》。这部文学批评的名著一直到20世纪70年代都雄踞在英美各大学文学系学生的必读书目之中。同时，他又是一位出色的诗人。虽然批评家的名声多少冲淡了他的诗名，在20世纪的英国文学史上他作为诗人仍然享有很高的声誉。

阿特伍德（Margaret Atwood）的《与死人的谈判》一书由她在剑桥大学2000年的“燕卜荪（William Empson）讲座”上的六篇讲稿构成。这以那位曾经两度在剧烈动荡的中国任教的著名学者和诗人的名字命名的讲座是世界上最出名的文学讲坛之一。阿特伍德在这本书的前言中提到了燕卜荪最后被剑桥大学开除的事。除名的理由是校方在这位自由派学生的宿舍里发现了避孕套。阿特伍德挖苦地说，现在的大学可能会因为学生的宿舍里“没有”避孕套而将学生除名。她非常欣赏燕卜荪的顽固：他并没有因为生活中的挫折而放弃文学上的追求。这是这位加拿大文学女王乐于接受以他的名字命名的讲座的重要理由。

时代总是在发生激进的更变，而作家们面对的问题却始终没有太大的变化。正是这种精神生活的相对稳定使阿特伍德可以“狂”征博引。她在这六次演讲中引用了128位作家的150部作品。她津津乐道的谈论读起来让人感觉津津有味。

阿特伍德第一次演讲的关键词是“方位”。她在这里谈论作家是一种什么样的人，同时也讲述她自己怎样成为这样的人。她生动的讲述让我想起几年前她在一次采访中对一位远祖的“回忆”。在一次宗教冲突中，她那位远祖的脖子几乎被对手砍断。然而，它还是顽固地支撑着高贵的头颅，经过漫长的颠簸，将她的那位远祖带回到了家里。阿特伍德借古喻今，说一个想以写作为生的人必须要有最顽固的精神。只有那样，他（她）才有可能顶住俗世对写作者肆无忌惮的冷漠和轻蔑。

第二次演讲的关键词是“双重身份”。阿特伍德在这里谈论作家天然的尴尬处境：作家既生活在真实的世界中，又生活在虚构的世界里。这种长时间的两地分居给作家的身心带来了极大的压力。更尴尬的是，作家不得不经常虚伪地生活在真实的世界中，就像所有人一样，而同时他/她又必须完全真诚地生活在虚构的世界里。这种激烈的矛盾似乎只可能以放弃写作或者了断生命来解决。与生俱来的双重身份使写作者对自己总是充满了敌意和怀疑。

第三次演讲的关键词是“奉献”。阿特伍德在这里谈论作家在献身于艺术还是委身于市场之间的、经久不衰的犹豫。到底应该去捍卫“流芳百世”的虚荣还是应该去追逐“潇洒走一回”的实惠？阿特伍德本人是有幸能够在“艺术”与“市场”上两全的作家，但是她对“齐美”还是非常警惕。每次听到别人议论她作品的“畅销”行情，她总是有贬值的羞愧和忧虑。她总是辩解说，她不是“有意”要成为畅销书作家的。她显然是不愿意自己在市场上的温度抢走了自己在艺术上的光彩。

在以“诱惑”为关键词的第四次演讲中，阿特伍德谈论作家的社会角色。作家的生活是不是一定会符合“人如其文”的逻辑？作家的写作到底受不受“社会责任”的制约？作家是应该站出来骂人，还是躲起来修身？作家应该是一个勇敢的“终结者”，还是一个睿智的预言家？作家究竟是魔鬼的化身，还是上帝的信使？作家要用语言的魔杖来主持公道，还是去传播怨恨？或者说，作家到底应该怎样去接受和再现语言的诱惑？阿特伍德展开了所有这些只能反复展开却无法“正确”回答的问题。

作者与读者通过作品建立起来的暧昧关系是关键词为“契合”的第五次演讲的重心。阿特伍德从“日记”入手展开她的思绪。日记显然是最原始的“作品”，因为它的读者通常只是作者自己。而狄金森将日记当成是她写给不会给她写信的世界的“信”。这可以算是一种进化。这种单程的信不断地写下去，最后自然就会出现满足阅读需求的“作品”。作品是一个独立的实体。借用狄金森众说纷纭的诗句：“I’m Nobody！”阿特伍德说：渴望在作品中“契合”的作者和读者其实都只是“Nobody”。她最后还特别强调，读者不是“他们”，而是“你”。就像写作一样，阅读在本质上也只是一种“单数”的行为、孤独的行为。

第六次演讲的关键词是“祖先”。这时候，阿特伍德已经站到了冥府的门口。在她看来，所有伟大的写作都根源于对腐朽的恐惧和对不朽的痴迷。她回到了最初的问题：作家是一种什么样的人？她的回答很漂亮也很吓人：作家就是准备进入冥府去与死人谈判的人。作家要通过这种难度极大的谈判从自己的祖先那里获得通往不朽的地图。接着，还要用自己的天赋和毅力往那眼花缭乱的地图里添加一个“新的联系人”，让不朽成为自己最高的荣誉。

阿特伍德用她四十年前的一次提问结束了这本书的前言。她问一位医学院的学生，人体的内部是什么样子。那位同学的回答令阿特伍德刻骨铭心。他说：“那里是一片黑暗。”

阿特伍德从此没有再离开过那“一片黑暗”。她相信，选择了写作就是选择了黑暗。她相信，写作就是在黑暗中的窥探。

用记忆画下的黑玫瑰

帕慕克的“初恋”是这样结束的：“我给她写了九封长信。我将其中的七封装进了信封，将其中的五封塞进了邮筒。我从来没有收到过一封回信。”

《伊斯坦布尔》汇集了同时以文学和政治著称于世的帕慕克关于他故乡城市的回忆。他的故乡城市是东西方地理上的交会口，凝聚着历史的殊荣和奇耻。帕慕克气势如虹的文学与他对“祖国”的强烈批判都深深地根植于那也许永远都“说不清”的历史之中。“美”和“忧郁”是他的回忆的关键词。这两个关键词都出现在目录前面的空白页上。“风景的美存在于它的忧郁之中”……这是帕慕克为回忆录选用的题记，这是让读者不至于在迷宫里迷路的罗盘。

这罗盘有可能直接将读者带到题为“初恋”的一章。

它的最后一段用一个递减的数字序列（九,七,五,一）将作者生命中最早一段同时满足过精神和肉体的“美”冷却成了“忧郁”的记忆。这不仅是与现实相距很远的记忆，也是与过去相距很远的记忆。我想，这种距离可能就是作者将这一“永恒的主题”安放在回忆录的第三十五章，也就是倒数第三章的部分原因。

而帕慕克的《初恋》是这样开始的：“因为这是一篇回忆录，我必须隐瞒她的名字……”

“隐瞒”既是回忆的伦理，又是回忆的美学。它能够将生活升华为艺术。帕慕克从“隐瞒”开始的回忆就像是给读者言传身教的一堂艺术课。

“她的名字在波斯语里的意思是黑玫瑰。”帕慕克接着写道。他虽然隐瞒了她的名字，却不想隐瞒那名字的历史。那历史散发出伤感和性感。它是生活对年轻艺术家的恩赐。正是因为这样的恩赐，三十年前不辞而别的少女注定要回到三年后（2006年）将要获得诺贝尔文学奖的作家的笔下。也正是因为这样的恩赐，《我的名字叫红》这样的书名好像又有了更丰富的理据。

充满幻想的年轻人以为这是他独家的发现。可是当他自以为是地将这发现告诉她的时候，“黑玫瑰”的表情突然变得严肃起来。她说她“当然”知道自己的名字在另一种语言里的所指。她还说那其实是传承自她阿尔巴尼亚裔外婆的名字。更加厚重的历史肯定让充满幻想的年轻人对眼前的少女充满了更多的幻想。

帕慕克从他自己的父母那里获得了她家庭更多的情况。他注意到他的父母对她富有的家庭持有不同的态度：他母亲在提到她母亲的时候，使用的代词是“那个女人”，接下来那些议论的格调因此也就可想而知；而他父亲显得比较宽容。谈到她为西方公司做代理的父亲如何利用政府中的关系，一夜之间暴富的经历，他的语气听上去并不像是非议。

十九岁的帕慕克当时是大学建筑系的学生。家里为他提供的单独住处被他骄傲地视为自己的“工作室”。那里也是朋友们聚会的场所。聚会的时候，“黑玫瑰”经常会踢掉自己的鞋子，在沙发上躺下，用一只手枕着头，就好像是一幅名画中的模特。有一次，帕慕克偷偷画了一张她的素描。她看到之后表现出的喜悦让艺术家有了进一步的创作冲动。

没有多久，她就单独走进了他的“工作室”。一开始，他们（尤其是她）有很多话说。她掀出了不少的家丑，她告诉他，她母亲因为她父亲追逐其他的女人而非常伤心。她还告诉他，她知道他父亲也有类似的劣迹。她说这是他母亲自己告诉她母亲（“那个女人”）的。

但是紧接着，很长的沉默出现了：她踢掉自己的鞋子，斜躺在沙发上，机械地翻动着书页。而他用艺术家的激情审视着她，她的颈部，她的乳房，她的脚……画布上出现了她忧郁的表情和美丽的身影。

有一次，在作画的间隙，她打破沉默，谈起了他的未来。她说他一定会成为成功的艺术家。她说将来他在巴黎开画展的时候，她一定不会错过。她还要得意地向周围的人炫耀他们是“儿时的朋友”。

有一天，新的作品还没有完成，他们就一起离开工作室，走进了城市的街道。那是他们的第一次散步。那是他们第一次让“忧郁”的城市看到了他们扑朔迷离的骚动。他们本来是想去观赏出现在城市另一侧的彩虹。而他们赶到的时候，彩虹已经消失……这并不重要，重要的是，他们已经感觉到了他们之间关系的不同寻常。他们都有点紧张。因此，那成了一次“不成功”的记忆。

后来，又有一次更加正式的约会。他向他父亲借了车。她穿着超短裙，还洒了香水化了妆。但是，年轻的艺术家在半路上又看到了上一次的“幽灵”，这同样成了一次“不成功”的记忆。

夏天就这样过去了。整个秋天也没有任何动静。

冬天到来之后，他战战兢兢地往她家里打电话。他说他想完成夏天没有完成的作品。他不知道她是不是愿意再为他摆出那经典的姿势。“我还要穿同样的衣服吗？”她问道。这就是她的应允。这更是她的诱惑。

他按照约定的时间在她学校的门口接到了她。他们一起回到了他的“工作室”。然后当然又是那经典的姿势和那经典的沉默。画布上的“黑玫瑰”渐渐清晰了……这时，从她嘴角透出来的“喜忧参半”的微笑引起了年轻艺术家的费解。他想知道那是为什么。“我喜欢你那样看着我。”她回答说。

这是她的诱惑。这是没有人能够抵挡的诱惑。

但是，年轻的艺术家并没有马上放下手中的画笔。他还有点紧张。他还有点恐惧。他还要在艺术中摸索“几个星期”，他还要在幻想中煎熬“几个星期”。几个星期之后的一天，当那诱惑的微笑又出现在她的嘴角，他终于放下了画笔，离开画架，坐到了她的身旁。一场暴风雨即将来临。天色突然暗了下来。房间也突然暗了下来。分隔亚洲和欧洲的博尔普鲁斯海峡就在窗外。从正在那里航行的船只上射出的探照灯灯光激情地晃动在房间的墙上……一场暴风雨果然来临。

接着是更多的创作，接着是更多的激情。直到九个星期之后的一天，他母亲来他的“工作室”查看。画布上绽放的“黑玫瑰”让她马上就意识到了自己的儿子与那个法语学校的高中生之间正在发生的关系。这是她独家的发现。她马上将这一发现通报给了“那个女人”。

任何一位负责的家长都会相信，女儿的幸福会来自一个现在或者未来甚至曾经的“实业家”，而不会来自一个有天赋的“艺术家”。因此，她的父亲决定将她送往瑞士去完成学业，而她的母亲则为她预订了一门稳妥的婚事。

家庭的干预让他们失去了爱巢和自由。他们要不断变更见面的时间和地点。最后他们找到了门庭冷落的美术馆，那里的一个展厅为他们提供了可以热烈亲吻的场所。他们的面前就是那幅名画，画中的女人躺在沙发上，用一只手枕着头。这时候，整个世界上好像只有她在关注着两个即将被拆散的恋人。

忧郁的大学生义愤填膺，他不理解艺术家为什么会受到现实如此的歧视。忧郁的中学生泪流满面，她不理解她已经很有钱的父母为什么还要看重他们未来的女婿的身家。“我是不是可以绑架你？”年轻的艺术家有一天产生了冲动的想法。他没有想到会马上获得她温情的授权。

这是这场“初恋”最后的激情。她没有出现在他们下一次约会的时间和地点里。而他们的再下一次约会不欢而散。那也是他们的最后一次见面。

新学期开始的时候，他仍然去她的中学门口等她。可是，“黑玫瑰”没有在人头攒动的人群中闪现。十天之后，他已经从理智上接受了“结束”的结果，但是，痴情还是将他每天都带到那里。直到有一天，她最信任的哥哥走了过来，递给他一封她从瑞士寄来的信。她在信中告诉自己的初恋情人，她非常喜欢新的学校，同时也极为想念他和他们的伊斯坦布尔。

他给她寄去了五封长信，却从来没有收到过她的一封回信。

“暴跌”的略萨

2006年的一天下午，我在这座城市最大英文书店的降价书台上看到了这本出版不久的新书。作者的名字二十多年前就已经进入我的视野，应该说是我的“老熟人”。但是，这一次让我有点动心的不是“名”，而是“实”，或者说是“实不副名”。这本精装书原来的定价是39.99加元，加税后约合人民币300元，而它此时的售价是5.99加元，加税后仅约合人民币45元，只比本地麦当劳里的一个“巨无霸”稍贵一点。我有点动心了。我将书拿起来，随机地选读了几段。非常遗憾，我没有读到让自己特别激动的内容。要不要贪这一次便宜？我犹豫了一下，最后还是将书放回了原处。

亲爱的大师，请原谅我的“不”势利！

一个星期之后，我又从那家书店门口经过。我发现自己还是在惦记着那本书或者说那本书的价钱。我走进书店，走近降价书台。我希望那本书已经不在那里了。这对我会是一个很好的教训。我会后悔自己一星期前的吝啬，我会后悔自己一贯的苛求。

但是，事与愿违：这本书仍摞在降价书台的那个角落里，而且似乎一本都没有少。这时候，我突然躁动起来。我为大师受到的冷遇而愤懑，也为自己的苛求和吝啬而羞愧。我决定痛改前非，用实际行动痛改前非。

在回家的公共汽车上，我的实际行动就已经得到了超值的回报。我越读越“饿”！这与“巨无霸”带来的“边际效益递减”的满足正好相反。我想，只有精神的食粮能够引起这种反常的生理反应。

这本名为*The Language of Passion*（《激情的语言》）的英语书是从西班牙语翻译过来的。它由大师在西班牙报纸上发表的四十六篇专栏文章结集而成。文章的内容以文学为主，兼及哲学和政治等其他方面。大师自由主义的政治立场和现代主义的文学取向从字里行间可以一目了然。而我喜欢的一个细节是，每篇文章的后面都标明了文章写作的城市。大师的生活空间以伦敦为中心，伸向其他的大陆，甚至一些大陆的尽头。这种地理的宽度既是大师精神视野的前提，又是大师精神视野的隐喻。

题为《一座图书馆的墓志铭》的文章引起了我的强烈共鸣。大师于1997年6月的一天走进设在大英博物馆内的大英图书馆的阅览室。他惊奇地发现环绕着那开放式大厅的古雅庄重的书架已经空出了一大半：他一直强烈反对的搬迁正式开始了！那闻名于世的阅览室已经全无昔日高贵和典雅的景象。大师出入过世界上许多著名的图书馆，而他对设在大英博物馆内的这间阅览室情有独钟。面目全非的景象让大师感慨万千，他因此写下了这篇墓志铭。

大师首先回忆起自己对阅览室的一见钟情。那已经是三十二年前的事，他去那里寻找称雄西方文学批评界半个世纪的超级大师埃德蒙·威尔逊（Edmund Wilson）的著作。他立刻被那里丰富的收藏和舒适的环境迷住了。在随后的三十年里，他几乎每星期都有四五个下午在那里度过。一见钟情“量变”成了日积月累的厮守。他在那里备课和写作。他的几部重要小说也完成于那里。

接着，大师当然会要谈起大英图书馆的历史。与他第一次去寻找的超级大师一样，大师当时的思想也强烈左倾。所以，他很自然地会从历史的魔镜中看到那个巨大的身影：他果然提到全中国人民的“老熟人”和他在阅览室进门右手边的固定座位。那曾经被马克思主义占领的座位后来被计算机侵占。新时代的传奇取代了旧时代的传奇，这令善于虚构传奇的大师也颇有感触。

再接下去，大师开始回忆自己在世界上其他一些图书馆里的有趣经历。比如在环境很差的法国国立图书馆里，有一天，他的目光从手里那本“关于疯狂人物的疯狂的书”上移开，落到了坐在自己正对面的那位“第二性”的身上。她就是《第二性》的作者。她无疑是思想仍然左倾的大师心中的偶像。看到自己的偶像在自己的面前“疯狂地”写作，对一个写作者是一种什么样的刺激和鞭策？又比如他有一次与美国国会图书馆拉美部负责采购的馆员交谈，问起他们选购图书的标准是什么。对方的回答令大师感叹至今：“很简单，我们买所有出版的书。”还有一天，在拥挤不堪的普林斯顿大学图书馆里，大师趁邻座不注意，瞟了一眼他正在读的书。书上一句关于希腊酒神崇拜的引文让大师顿开茅塞。根据那句引文，他彻底改写了自己当时正在写作的那部小说……

这些有趣的经历无法夺走大师的至爱。他肯定地写道，所有这些图书馆“加起来”对他事业的帮助都不如大英图书馆的那间阅览室。

在大师看来，阅览室的搬迁无异于它的死亡。他发誓永远也不会去涉足大英图书馆被“现代化”后的新阅览室。我理解大师的激烈反应。我自己在这篇墓志铭发表之后不久也曾经再次走进过那间阅览室，当时搬迁已接近尾声，我看到的景象比大师看到的更为触目惊心。与我1992年第一次看见的那间阅览室相比，那已经是天壤之别。

我的这篇短文从大师新书价格的“暴跌”写到大师旧好（他钟爱的图书馆）的“死亡”，它的结尾本来极为阴暗。但是，在初稿完成之后的第三天（10月8日），我从一位邻居扔在我门口的法文报纸*La Presse*的文艺版面上读到了我的这位“老熟人”最新的消息。我像一位经验丰富的船长那样“见风使舵”，立即删除了短文悲观的结尾。

“暴跌”的略萨只是市场转瞬即逝的商机。有了“诺贝尔文学奖”这种重大利好消息，我相信大师的作品很难再回到降价书台上来了。此时此刻，我忍不住为自己至今为止唯一的一次成功抄底而洋洋得意。

亲爱的大师，请原谅我的势利！

想长大成“书”的孩子

1

这个孩子梦想的不是长大之后成为一个作家，一个写书的“人”，而是成为一本被人写出来的“书”。

关于孩子们的想法，想象力已经凋零的成年人最好不要去寻根究底。但是，一个普通的孩子应该梦想将来成为艺术家、科学家、银行家……或者更普通一点，像我小时候一样，梦想将来成为“解放军叔叔”啊。所以我忍不住要问，为什么这个孩子不想长大成“人”，而想长大成“书”？

答案接踵而至。这个孩子在长到六十三岁那年，用希伯来文（他的母语）出版了他的自传。自传的英译本《爱与黑暗的故事》（*A Tale of Love and Darkness*）一年之后问世。在自传第37节的最后，他提到了自己孩提时代的那种奇特的梦想。他紧接着告诉一定会感觉诧异的读者，那梦想的根源是“恐惧”：对战火的恐惧，对被毁灭的恐惧。

这个孩子在耶路撒冷长大，那是人类历史上最古老的是非之地，也可能是人类历史上永恒的是非之地。在耶路撒冷长大就意味着在战火中长大，意味着在被毁灭的边缘长大。在这个孩子看来，这座被群山环绕的城市就像是一艘浸没在恐惧中的“潜水艇”。刚刚被纳粹残暴地排挤出“生存空间”的犹太民族又要在这块弹丸之地用暴力与自己的宿敌争夺“生存空间”。“占领者、抵抗战士、彻夜的枪声、没完没了的伏击、逮捕和搜查”……这个孩子每天面对的就是这样一个世界。他知道坏人随时都可能冲进家门或者幼儿园，将他彻底毁灭。他也知道大人们出门之后，很可能就不会再回到他的身边。他知道在他生活的世界里，任何“人”都危在旦夕。所以，他对长大成“人”充满了恐惧。所以，他不想长大成“人”。

这个孩子注意到了周围的人都热爱阅读和写作。“书”与耶路撒冷的生活浑然一体。“书”成为这艘超大的“潜水艇”与外界连接的“脆弱的生命线”，成为对恐惧的躲避。

“书”当然也很容易毁于战火，这有史为证，有“书”为证。但是，这个孩子想到了“书”的特殊的生存能力：“书”没有家，“书”没有祖国，它可以逃离“潜水艇”，逃向外面的世界。他梦想自己长大成了一本幸免于仇恨的“书”。它“也许不会幸存在这里，而是在其他的国家，其他的城市，在一座遥远的图书馆里，在一个被上帝抛弃的书架的角落里。”他在这梦想中目睹着那疲于奔命的孤本，终于在遥远的黑暗里，在布满灰尘的角落，找到了自己的藏身之所。

这个孩子最后当然没有长大成为“书”。他长大成了写书的“人”。他的成长与“爱”和“黑暗”相伴：那样深的爱，那样深的黑暗。为了长大成“人”，他必须用最激烈的反叛来逃离这窒息他的“爱”和“黑暗”。他的反叛出现在自传第54节和第55节的交界处。“十四岁半，也就是我母亲去世两年之后，我杀掉了我的父亲和整个耶路撒冷……”他在第54节的最后这样写道。母亲的自杀和父亲的“被杀”使这个孩子变成了孤儿。他要像梦想中的“孤本”一样，去别处的“爱”和“黑暗”中寻找自己的藏身之所。

他与父亲的决斗其实只是文斗，而不是武斗。“我主要是通过改换姓氏杀掉了他。”他用第55节的第一句话如实交代了自己“弑父”的具体情节。然而，用自编的姓取代继承来的父姓，这还只是形式上的反叛。在“改姓”的同时，这个梦想长大成“书”的孩子不顾父亲的劝阻和反对，在高中毕业之后，毅然选择了“上山下乡”的道路。他去了一座远离耶路撒冷的集体农庄，开始了自食其力的生活。这才是实际上的反叛。这才是对家庭和父权彻底的挣脱。这个想成为“书”的孩子尚未成年，就用彻底的决裂第二次“杀掉”了父亲。

他天生就不是一个合格的体力劳动者。在集体农庄的劳动过程中，他一直是同事们的笑料。但是，他坚持了下来，坚持了整整三十年。他以带有青春期躁动痕迹的姓氏（在希伯来语里，那姓氏的词义是“力量”）进入集体农庄，而到他离开的时候，那虚构的姓氏已经变成了希伯来语文学的象征。

这是“青”大胜于“蓝”的奇迹。他两次“杀掉”的父亲其实是他的同行。在儿子“上山下乡”之后，这位世家出身的研究希伯来语文学的学者选择了出国深造，最后在伦敦大学取得了文学博士学位。可是回到以色列之后，他却连一个普通的教职都不能求到，完全被自己的“所学”抛弃。作为抛弃了自己的专业领域里头号研究对象的父亲，他一生最大的光荣就是他一生最大的屈辱。这“青”大胜于“蓝”的奇迹也许可以视为那个想长大成“书”的孩子又一次“杀掉”亲生的父亲。

阿摩司·奥兹（Amos Oz）出生于1939年，到目前为止，已经出版了二十多本作品（包括十八本小说和六本随笔）。他是当代最富国际影响力的希伯来语作家，是以色列和犹太文化的代表人物。他的文学作品和政治立场在西方世界都备受关注。在文学上，他师承美国作家舍伍德·安德生，不妨称为“现代派中的传统派”；而在政治上，他属于右派（犹太复国主义）中的左派，以支持以色列和巴勒斯坦“两国并存”而著称。

在大是大非问题上，奥兹的立场经常令右派痛心，不时也令左派失望：当以色列出兵黎巴嫩（2006年）的时候，他在《洛杉矶时报》上发表文章，支持政府的“正义行动”；而2011年6月1日以色列海军拦截土耳其船只事发之后的第二天，《纽约时报》发表了由他撰写的社论，谴责政府的“失道之举”。这种左右都不逢源的态度也许就是知识分子“独立人格”的表现吧。

2

写作与语言密切相关。但是，作品质量的高低与作家语种的大小却并不成正比。在文学史上，大语种出大作家当然不足为奇，而大语种出不了大作家也见怪不怪。有点“奇怪”的史实似乎是，有那么多的“大作家”都出自“小语种”。这方面的例子可以信手拈来：近一点的有出自捷克语的米兰·昆德拉，远一点的有用意第绪语写作的艾萨克·辛格。还有，波兰语也是“大家”辈出的小语种；还有，如果最近十五年中某一年的诺贝尔文学奖授予了一位（应该说“那位”）用阿尔巴尼亚语写作的作家，那当然也会是最没有悬念的诺贝尔文学奖。

奥兹也是“出自小语种的大作家”。从他用希伯来文写的自传就足以见他的文学之“大”。

让我们还是回到《爱与黑暗的故事》。

这是一部关于成长的自传，聚焦于童年、少年和青春期的早期。但是它却并不是一本少儿读物，它甚至可以说是一本“少儿不宜”的读物，因为它不仅直率地揭露了成长巨大的外部压力（来自家庭和社会的合力），还坦诚地公开了成长剧烈的内部矛盾（个人生理与心理的躁动），它让读者看到了“爱”与“黑暗”如何在成长过程中兴风作浪。

因为篇幅的关系，我只能锁定其中最有特征的“风浪”：那最早的爱和那最深的黑暗。

大多数人都有过幼稚而尴尬的初恋。而奥兹的初恋比一般人的还要幼稚：他坠入情网的时候正在上小学二年级，实足年龄还不到八岁；奥兹的初恋也比一般人的还要尴尬：他爱上的是他新来的语文老师，他们生理年龄的差距是二十五岁。

这初恋的故事出现在自传的第37节。新来的语文老师用孩子们几乎听不见的声音说话。但是，她的话语却散发着浓浓的文采：她说出的每一个名词都带有形容词的装饰。（比如她不说“河流”，而说“湍急的河流”；不说“沙漠”，而说“夜色中的沙漠”。）她的眼睛散发出淡淡的异族（鞑靼）风情：眼神“警觉”而“不快乐”。这个想长大成“书”的孩子被这新来的诱惑迷住了。“她是我的初恋情人。”他这样写道：“我爱她嗓音的色彩、她微笑的气味以及她衣服发出的窸窣声……。”

他想尽一切办法引起她的注意。他朝思暮想着他们将来的“天伦之乐”。暑假终于到了，每天早上，这个孩子都用冷水将头发仔细地定好型，将衬衣整齐地扎进短裤口。他会在八点之前准时出现在单身的语文老师的门口。他为她做购买、做卫生、给她的天竺葵浇水、从她的信箱里取信、将她的湿衣服晾出去、将干衣服收进来……忙完所有这些家务之后，他们会在后院里坐下来。她会给他准备一杯水。当然用她的话说，那不仅仅是“水”，而是“透明的水”。她会将她自己那天早上计划读的作品读给他听。她还会听他滔滔不绝地说话，说那些没有任何人愿意听也没有任何人听得懂的话。

这个想长大成“书”的孩子从初恋情人的课堂上和后院里学到了许多的东西，比如某些词需要足够的空间，只能由“沉默”来包围，“就像一些画的旁边不能挂其他的画一样”……这是怎样的感悟啊，这是怎样的诱惑啊。对一个将会长大成写书的人的孩子，这是一种怎样的福音啊。

孩子过于“专一”的暑期生活引起了邻居的非议和父母的担心。新学期开始，他就被转到了一所新的学校。在新的语文课上，他面对不再是本能的诱惑和生命的呼唤了。为期一年的激情很快被新环境中的新奇冲淡。

奥兹在自传中承认，在热恋的时候，自己对恋人的过去和现在都没有任何的了解。他后来才知道她出自名门，当时已经是成熟的诗人。在他的第三本小说问世的时候，她的第一本诗集也出版了。这已经是他的初恋过去将近三十年之后的事情。而她接着出版的两部诗集获得了巨大的成功，赢得了显赫的文学奖。奥兹在关于初恋回忆的最后写道，他那位眼神“警觉”而“不快乐”的初恋情人是“一个孤独的女人”，文学带来的荣誉是她“一直在躲避的东西”。他很高兴地看到，在那些荣誉到来之后，她也的确只有“冷漠”的反应。

这个八岁的孩子用狂热的初恋显示了他审美趣味和审美能力的高度。凭着他对“形容词”和“不快乐”的超级敏感，他日后成为大作家的几率“自然”已经不小。但是，看看他的家境，这位大作家出自小语种的命运却多少有点“人工”的痕迹。在自传的一开始，奥兹就将他的读者带进了他出生的房间。那位于地下室的房间既是他父母的卧室，又是他们的书房、图书室、餐厅和客厅……在这物质的窘迫之后，读者马上就会看到了精神的奢侈："我父亲能读十六七种语言，能讲十一种语言（都带有他的俄语口音）。我母亲能讲四五种语言，能读七八种语言。不想让我听懂的时候，他们用俄语或者波兰语交谈……而出于文化上的考虑，他们主要读用德语或者英语写的书籍。他们做梦的语言应该是意第绪语。"

如此的奢侈足可以与那位日后成为英语大作家的俄国贵族纳博科夫成长的语言环境相媲美。不同的是，纳博科夫的父母与他共享语言资源，让他从小就在多种语言之间游刃有余。而紧接着上面那一段引文，奥兹却这样告诉他的读者："但是，他们教我的唯一语言是希伯来语。"

为什么会这样？为什么要让如此丰富的语言资源白白浪费？奥兹猜想，他父母这样做是担心关于欧洲语言的知识会让自己的孩子过多暴露在崇媚欧洲的文化态度的影响之下。在他们看来，欧洲是"精彩又残忍的大陆"，对它的正确态度好像只能是敬而远之。

不过出于什么动机，那位将以自杀解脱的母亲和那位将以失败告终的父亲对自己独子粗暴的“教育策略”最后却极为成功。他们将孩子从小就完全禁锢在“小语种”里，只用世代相传的母语塑造他的精神，不允许他学习“精彩又残忍的”外语。那个想长大成“书”的孩子也许因此就成了“最民族的”。

那个想长大成“书”的孩子也许因此就成了“最国际的”。想想看，那个犹太家庭里罕见的语言资源如果没有被它的家长白白地浪费掉，当今国际文学舞台上会不会少了一道“大作家”的风景。

3

The Story Begins（《故事开始了》）是我到目前为止自己拥有的唯一的一本奥兹作品。它也是我不久前在麦吉尔大学的二手书市上的“意外收获”。这部随笔集由十篇形式类似的随笔构成，每篇随笔谈论一位作家的一部作品的“开始”。我自己长期是“开始”的发烧友，也曾经发表过这方面的“专论”（如关于《百年孤独》的“开始”的《“圣经”的第一自然段》和《惊心动魄的入口》）。我惊喜

与自己语言不通的大师与自己有相同的怪癖。

但是,《爱与黑暗的故事》令我拍案叫绝的不是它的“开始”,而是它的“结束”。近年来的阅读经验使我对故事的“结束”已经不太尊重,因为通常早在故事结束之前(有时候甚至早在故事开始不久)我就能预知它将如何结束。这次是一个例外。我一直到了自传的最后一节,到了它必须结束的地方,才清楚地知道它要如何结束。

这部自传的结束事实上开始于聚焦家庭生活的第53节。“黑暗”是这一节的关键字。尽管自传从一开始就无意隐瞒母亲的结局,但是直到这一节,它才有意将读者引向黑暗的深处。“在1951年快结束的时候,母亲的状况继续恶化。”第53节的开始就这样奠定了全书结束的基调。

这个想长大成“书”的孩子这时候已经十二岁了。他的身心正在经受着不可理喻的躁动。夜晚的“龌龊”和身体的“肮脏”令他羞愧难当。他急需父母的关注。但是,他们的注意力却停留在其他的地方:他的母亲不分昼夜地注视着窗外,她走进了生命最后的隧道;而他的父亲除了要照顾已经失去生活情趣和能力的妻子,还要“兼”善其身,以免自己也丧失了生活的情趣和能力。这个家庭的三个成员“被一千光年分隔开了”，奥兹冲动地写道。不！他马上又修正说：“不是‘光’年：是黑暗之年。”

“黑暗”在他的笔下越来越黑、越来越暗……那最深的黑暗眼看着就要“曝光”了！按照我自己对写作的判断，关于母亲自杀的细节理应出现在这一节结束的地方。可是在最揪心的一刹那，奥兹却没有按下快门。这是无意的错过还是有意的回避？

接下来的第54节完全另起炉灶，谈论的是他自己的阅读经验。而在这一节的最后，想长大成“书”的孩子来到了“母亲死去两年之后”的世界。他的视线继续转向新的方向，他谈起了自己如何“杀掉”父亲的经历。读到这里，我凭着阅读的经验，确信他是有意要跳过了母亲“将死”和“已死”之间那最深的黑暗了。

顺着新出现的线索，第55节和第56节转向父亲和父子关系：从后者正常的破裂到正常的修复，从前者异常的失败到正常的死亡，奥兹的手法是平铺直叙。而在接下来的一节，“大作家”又回到了自己：他开始叙述自己在集体农庄的日常生活以及自己从舍伍德·安德生那里获得的顿悟。

日常生活中“少儿不宜”的插曲是整个第58节的内容。奥兹用极为细腻的笔触重温自己的成人式：自己的第一次性经验。他那年正好十八岁，而帮助他完成仪式的女人比他年长十八岁。凌晨三点钟，未来的大师走出那间充满文学、艺术和激情的小房间。他没有能够长大成“书”，却准时地在法定的年龄长大成人。那“半个”夜晚和那“一个”女人教给了他一条颠扑不破的真理：“女人掌管着快乐的钥匙。”这真理将成为他要建造的文学丰碑的一块基石。

四十多年之后，教给那条真理的女人居然再现于他在美国的一次演讲会上。演讲结束之后，已经举世闻名的大作家兴奋地追过去。他呼唤她，他拥抱她，他亲吻她。而那个女人很礼貌地将他推开。她指着她推的轮椅上的老人说：“我只是她的女儿。”

那个曾经掌管着钥匙的女人正痴呆地坐在轮椅上，她对快乐已经失去了记忆。

第54节到第58节这长达四十五页的“空白”让我几乎淡忘了母亲的离去。因此她的起死回生令我大吃一惊。自传的第59节意外地从母亲“死前的一个星期”开始。她突然“好多了”。一直被黑暗笼罩着的家庭里突然出现了祥和的气氛。自传中唯一的照片就安排在这一节里。它是一张“全家福”：母亲紧贴在儿子和丈夫的身后，她的头轻轻地贴着丈夫的头。“被一千光年隔开”的生灵在这个凝固的瞬间看上去亲密无间。

尽管紧接的一节又回到了集体农庄，我对故事的结束已经开始刮目相看。

果然，第61节一开始就显得惊心动魄：“我母亲死的时候三十八岁。以我现在的年纪，我已经可以做她的父亲。”儿子失去母亲的痛苦被大师精确地转换成了父亲失去女儿的痛苦，好像只有用这双重的痛苦他才能够承受得住生命中“最深的黑暗”。

但是，时空继续错位，这一节谈论的只是母亲葬礼前后的情况。大师的记忆再一次绕过了“黑暗的中心”。

这是最揪心的拖延。这个想长大成“书”的孩子显然是不愿意让母亲过早地离开他，他要倔强地与“最深的黑暗”厮守到最后的一刻。

第62节是自传的最后一节。它一开始就用最直白和最传统的方式交代了构成那最深的黑暗（也是自传中的核心事件）的“三要素”：“我母亲于1952年1月6日晚上在特拉维夫市本·耶胡达街她姐姐的公寓里结束了自己的生命。”

接着，大师按时间顺序叙述他母亲生命中最后那两天发生的事情。他叙述得极为耐心，极为详尽，极为虔诚。他一直将读者带进了母亲在医院抢救无效的时刻。

就这样，整部自传在童话般的气氛中结束：“……她到清晨也没有醒过来，到天更亮的时候也没有醒过来。在医院花园里那棵无花果树的树枝上，那只鸟惊恐地呼唤着她，然后又一遍一遍徒劳地呼唤着她……它不断地呼唤着，它现在还会继续这样呼唤着。”

这个关于爱与黑暗的故事就这样结束于最深的黑暗和这黑暗背后最深的爱。

从语言的裂口看中国与世界之间的距离

“带纹理的光线”

每周星期一到星期五晚上九点之后的两个小时，我的生命归属于加拿大广播公司（CBC）。前一小时的思潮与历史探讨（ideas）和后一小时的热点与明星访谈（Q）不仅充满了精神的刺激，还充满了人文的关怀。刚刚过去的这个星期四也不例外。我准点打开收音机，听完了全部两个小时的节目。然后，我写了一个关于自己即将出版的新书的邮件。然后，我去冲凉。然后，我坐到了床上。

床上摆放着几本我正在研读的英文历史和哲学著作。在从国内回来之后的将近两个月的时间里，我为自己安排了超强的阅读任务。我想用最快的速度弥补过去两三年因为忙于自己的写作和出版而造成的阅读的缺失。临睡前的一段时间必须充分利用。我每天都要读到自己已经几乎睁不开眼睛才将书放下……但是这时候，一阵不可思议的厌倦和一阵不可思议的焦渴同时向我袭来：我突然不想读床上这些“学术味”很重的书了。我突然想读一本文学书，一本有“人情味”的书。我突然想读到一些充满生机和诗意的语句。

环视四周，我知道我有太多的选择。但是，我竟没有去选择！我直接从堆码在窗边小矮柜上那三大摞书的中间一摞的最底下抽出了那本*Finders Keepers*（《谁捡到归谁》）。我清楚地意识到那就是自己在“此刻”，在2013年8月29日到30日之间的这个夜晚，渴望读到和必须读到的书。

那是一本随笔集。那是我购于2008年冬天的随笔集。那是我随后每次回国的时候都带在身边的随笔集……不，不是每次。今年3月，在前往中山大学高等人文学院受聘的前夕，我犹豫再三，最后还是没有将这一直都“贴身”的随笔集放进行李之中。我好像是不想它再经受远处的喧嚣和骚动？我好像是需要它留守于自己在北美的精神家园？我不知道这究竟是“我”的决定，还是“天”的意愿。

坐回到床上，翻开了这本已经有大半年没有翻开过的随笔集。淡淡的倦意让我决定选读自己比较熟悉的篇目。因为我正在细读理查德·埃尔曼（Richard Ellmann）那本著名的乔伊斯传记，我迅速翻到了随笔集第三辑中那篇题为《乔伊斯的诗歌》的短文。像许多小说家一样，乔伊斯也是诗人出身。他出版的第一本书不是小说，而是一本很小的诗集。而与许多小说家不同，乔伊斯终身都没有背弃诗歌的创作。在引用了一节他创作于1936年（也就是他去世前五年）的诗歌之后，短文将读者带进了一个“写作之谜”：那位正在《芬尼根的守灵夜》中“分裂语言学原子”的魔术师怎么会有如此“意外地浅白的表演”（an unexpectedly unsophisticated performance）呢？行文流畅无比的作者突然抛出了一个如此拗口的词组，让“写作之谜”显得极为费解。

像平常一样，我用铅笔在短文的标题边记下了再一次读完它的日期。然后，我翻到随笔集中的第一篇，开始读作者关于自己在北爱尔兰德比郡附近乡村度过的童年生活的回忆。以村庄的名称为题目的文章分为三节，第一节写生活的细节，第二节写阅读的经历。对于未来的诗人来说，这两节如同是正题和反题，它们最后在关于诗歌启蒙的第三节中实现了对立的统一。

从作者笔下自然流淌出来的那些美妙的词句，不仅能够让读者“看”到往日的田园，还能够让读者“听”到远处的村景。举一个很小的例子：有一天躲在夜色笼罩着的农田里，还处在学龄前的作者竟然激动地哭了起来。他被大自然的美惊呆了。他被自己的美感惊呆了……他看到了散布在夜空中的“带纹理的光线”（veined light）。我们凡人的目光只能够看到石头或者木头上的纹理，只有天才的诗人才能够让我们看到“带纹理的光线”。

这篇文章的标题边没有留下与上一篇相同的日期标记，因为还没有读完第一节我就已经感到了很浓的睡意。我将书摆放在枕头边。躺下之后，我的鼻尖正好顶到了书的一角。我很快就睡着了……“带纹理的光线”消失在睡梦的尽头。

8月30日早上6点，我像平常一样准时醒来。我照例打开收音机，然后照例准备走进卫生间。突然，我听到了CBC的播音员在早间新闻中插播的消息。这是与深夜里的阅读完全不能押韵的消息：

我醒过来了，但是让我看见了那神奇光线的伟大诗人却永远闭上了眼睛。

“于是我们迷上了深渊”

“诗人之死”往往是诗人最后的诗句。自杀、他杀、杀人之后再自杀等非正常的死亡方式往往会让“诗人之死”带上更为触目惊心的悬念。希尼的死与他弟弟五十年前粗暴的死不同，这是自然之死，甚至可以说是谦和的死，谦和如诗人本人的生命。这死亡的分量来自诗人生命的分量：希尼是英语语言文学的象征。他的死不仅要震撼读者，还将震撼语言和文学。

我没有想到自己在深夜里有点意外的阅读会成为一种“守灵”，我没有想到那神奇光线的后面会紧跟着那更为神奇的黑暗。我有点恐惧。我需要让朋友们来分担这深渊般的黑暗……“于是我们迷上了深渊”——这是北岛《纪念日》中的起始句。

我首先想到了与我有过“希尼缘”的诗人凌越。我想让他成为第一个知道这“诗人之死”的中国诗人。三年前的一次交谈中，我问起诗人是否读到过希尼的随笔。他表现出了极大的兴趣。他说他很喜欢希尼的作品，可惜国内只翻译介绍过他很少的几篇随笔。后来每次见面和通话，我们都会谈到他。他每次都会敦促我做点希尼的翻译。奇怪的是，后来电话怎么也打不通。我从来没有这么失败过，我也从来没有这么耐心过……突然，我想起诗人好像是刚刚当上了父亲。我想也许是刚刚进入他生活中的新生命让他错过了这个一定会令他伤感的消息。

接着，诗人扬子终于接起了我的电话。扬子不仅自己写诗，他还是有二十多年译龄的诗歌翻译者。我知道对诗歌的执着和迷恋会让他懂得这“诗人之死”的分量。他的反应果然充满了敬畏。这敬畏分担了我对那深渊般的黑暗的恐惧。

接着，我打通了深圳朋友王绍培的电话。我知道他也写过诗，也对诗有特别的感觉和感情。我相信他也会对这“诗人之死”有特别的反应。几分钟之后，他的反应通过他的微博惊动了国内的许多诗歌爱好者。

接着，我又拨通广州朋友戴新伟的电话。5月份在广州的一次聚会上，我听他谈起过一些我不熟悉的诗人和一些我不熟悉的诗作。他对诗的热情引起了我的注意。没有想到，他正在欧洲出差。“诗人之死”的消息从欧洲传到北美，又从北美通过中国的移动电话网络传回了欧洲……他果然很有感触，他敦促我尽快写出有特色的纪念文章。

最后，我给诗人北岛打通了电话，将这“诗人之死”的消息告诉了他。我知道北岛曾经在希尼家做过客，是少数与诗人有过直接接触的中国诗人。而我们之间也有过“希尼缘”。2010年在他香港家里做客的时候，我不知道怎么谈起了“诗人之死”。我以希尼在纪念布罗茨基的文章中的一句话为例，强调说，对诗人最高的奖赏就是在盖棺定论的时候，将他与语言联系在一起。“诗人之死”会因为诗人对语言的贡献而有重于泰山的感觉。

五年前的一个星期天的上午，我坐在蒙特利尔住处附近的一家咖啡馆里，翻开了前一天刚从图书馆借到的*Finders Keepers*（《谁捡到归谁》）。在那篇纪念布罗茨基的文章第一自然段的最后，希尼用意想不到的方式表述自己对挚友突然去世的消息的感受。他说：现在他不得不“用过去时”来谈论他的挚友了，那感觉就好像是“对语法本身的冒犯”。

这冒犯让我的眼眶湿了。这冒犯让我迷上了希尼。这冒犯让我决定要去买一本*Finders Keepers*。

语言的“裂口”

我不止买了一本。我一共买了两本。

那另外的一本现在在卡罗尔（Carole）女士的书架上。卡罗尔是一位退休的大学预科数学教师。我认识她已经很多年了。她对文学的兴趣让我们成了知心的朋友。在2008年到2009年间，我几乎每个星期五的上午都会骑车去她家里，与她一起校对和讨论我尝试用英文写作的小说。

2009年底，我受聘为香港城市大学的访问学者。出发之前，我对未来五个月的生活充满了焦虑，因为我有四年多的时间没有离开过异乡了，因为我有将近八年的时间没有在故乡工作过了，我担心在故乡的生活和工作会让自己产生异化的感觉。我决定用一个可靠的坐标系来固定自己的注意力。在《异域的迷宫》里，我这样写道：

在去香港之前，我特意也为卡罗尔买了一本希尼的随笔集*Finders Keepers*。那是我自己的案头书，而卡罗尔很快也就将它定义为她一生中读到的“最好的书”。我们约定，每星期读完书中的一篇随笔，然后在“星期五的上午”通过邮件交换阅读的心得。我想借助那个爱尔兰的天才来延续我们一年来的语言探险。

“那个爱尔兰的天才”和延续的语言探险就成了我选定的坐标系。*Finders Keepers*是一座语言的宝库，里面精妙的词语和精妙的语句比比皆是、俯拾即是。在这样一座宝库里，探险者会得到无穷无尽的回报。比如在一篇关于叶芝的文章里，希尼通过叶芝和洛威尔的诗行看到了诗人目光的冷暖：洛威尔的目光是“行人的目光”（the eye of a pedestrian），充满了温暖和同情；而叶芝的目光是“骑士的目光”（the eye of an equestrian），透出的是冷酷和孤傲。如果说“pedestrian”（行人）和“equestrian”（骑士）玩的还是相对容易玩的大词，那么，看看希尼玩小词的功夫吧！在他关于童年的回忆里，那些小词就像是在自然界里出没的生灵，有血有肉，带着泥的质朴，带着风的舒畅。

遗憾的是，这又一段“希尼缘”没有能够抵挡住母语的诱惑。“天时地利人和”的优越条件让我迅速走上回归的道路，回到了汉语的写作之中：“与卡罗尔约定的交流从定期变成了不定期，很快又变成了遥遥无期。”我在《异域的迷宫》中继续写道。

在给国内的诗人朋友们打电话的间隙，我也打通了卡罗尔的电话，尽管我知道早上7点钟不是打电话的合适时间。卡罗尔已经起来了。她还没有等我开口，就告诉我，她刚给我写了邮件。她几乎与我同时听到了希尼离去的新闻。

在读着希尼纪念布罗茨基的文章的时候，我就在想，在希尼自己死后，人们会如何将他与语言联系在一起呢？昨天的一篇纪念文章回答了我的疑问。文章的作者称诗人的离去将让语言出现“裂口”。是的，作为语言象征的伟大诗人之死对语言就像是一场地震……那暴露出深渊的裂口会让所有的写作者诚惶诚恐。

与生俱来的烙印

布罗茨基比希尼晚一年出生，早十七年去世。在20

世纪后期三位最有影响的英语诗人中，他又最早获得诺贝尔文学奖：他的获奖比年长他十岁的沃克特早五年，比希尼早八年。

这三位最有影响的英语诗人都带着与生俱来的烙印。这种烙印最后都要变成影响他们生活的基本问题。对布罗茨基来说，这问题是政治问题：他曾经处在冷战的旋涡中，青年时代就需要在姓“资”还是姓“社”的路线上做义无反顾的选择；而对沃克特来说，这问题是种族问题：他无法假扮成“白”猫，他有再高的天赋也不可避免地要受到“黑”猫天生就要遭受的歧视。当他在七十七高龄以泰斗的身份准备接受牛津诗歌教授职位的前夕，仍然会突然遭受性丑闻的困扰，并且最终与牛津无缘，这与他的肤色肯定不无关系。布罗茨基早就在他的著名随笔《潮水之声》中对这种歧视提出了也许是最为亵渎的抗议：“你们有你们的上帝，我们有我们的沃克特。”

而希尼的基本问题是宗教问题。他出生于北爱的天主教家庭，也就是属于被压迫者一方，而他却在压迫者那里“受宠”。但是，这种扭曲的处境丝毫没有能够扭曲他的心灵，也丝毫没有贬损他的语言标准和美学境界。这就是这伟大诗人的伟大之处。在三位最有影响的英语诗人中，希尼是口碑最好的一位。他的“好”不是策略，也不是姿态。他的“好”是他的本性和天赋。所以在该出手的时候，他会让那些称他为“骑墙派”的人无地自容。比如站在诺贝尔文学奖的领奖台上，他就充分显示出了独立的人格：他首先向被压迫者（爱尔兰共和军）猛击了一掌，马上又向压迫者（英国政府）狠出了一拳，将领奖厅变成了斗兽场。而在牛津诗歌教授的风波中，他公开又坚定地站在了沃克特的一边。

在三位最有影响的英语诗人中，希尼最后才得到诺贝尔文学奖，这好像是天意的安排，因为与他的两位朋友相比，他的诺贝尔情结无疑最为淡漠。他低调地称诺贝尔文学奖是“斯德哥尔摩的差事”（Stockholm business）。他顶多将它看成是虚荣，而不会将它看成是殊荣：要知道他是爱尔兰人啊！要知道在英语文学的历史上地位仅次于莎士比亚的作家也是爱尔兰人啊！要知道那位在希尼不到两岁的时候就已经去世的现代派文学巨匠早在1922年就因为《尤利西斯》的出版而名震文坛了啊！要知道上帝留出了将近十九年的时间（乔伊斯去世于1941年），“斯德哥尔摩的差事”也没有能够落到那个爱尔兰人的头上啊！（注意：在埃尔曼长达近九百页的乔伊斯传记中，“诺贝尔奖”一词只出现过两次。）要知道他是希尼的偶像啊！当BBC 第四台“荒岛”节目主持人问及如果只带一本书到荒岛上去的话，他会带哪本去的时候，希尼的回答斩钉截铁：他要带的就是《尤利西斯》。他给出的两个理由都与语言有关：从语音上说，那部小说保存了都柏林城区里极富个性的“声迹”；而从语义上看，那部小说如同手风琴或者魔术师手里的扑克牌，它精湛的伸缩完美地展现了英语的魅力。

希尼对诺贝尔文学奖的淡漠也许还有另一个理由。在他领奖刚刚一个半月之后，他的挚友布罗茨基就突然离开了人世。从此，他与语言的关系发生了根本的变化。为了重温充满诗意的友情，他需要不断地“冒犯语法”。在虚无的面前，虚荣会显得多么虚弱！

中国与世界之间的距离

我有许多的问题。

中国的很多中学生都参加过“托福”的考试，其中的不少人都能够考得高分甚至满分。但是，当我问他们中间的一些人是否读过英语诗歌的时候，他们都给出了否定的回答。那么，他们当然就没有听说过希尼的名字了。而在英美国家，希尼是每个初中以上文化程度的学生都知道的名字。他们会在初中阶段的英语课上读到他的一些小诗。在我居住的魁北克，公立法语中学的英语语法教学程度可以让不少中国的小学生都笑掉大牙，但是他们的初中生也大都在英语课堂上学习过希尼的诗作。我在想，将来这两种生源在英美国家的大学课堂上汇合的时候，他们对事物的理解会发生怎样的冲撞？

我有许多的问题：从来不读英语的诗歌也能够懂得英语的美吗？不懂得英语的美也照样能够愉快和长久地与英语相处吗？

希尼的超级粉丝克林顿曾经在关于北爱问题的重要演讲中引用诗人充满阳光的诗句，肯定“希望与历史押韵”。可是，我们那些只想“托福”的中学生会选对希望和历史的韵脚吗？

我还有更多的问题。这些问题让我想重新测量中国与世界之间的距离。

我们有过很多测量这种距离的尺度：如正面的奥运会、世博会和GDP，以及反面的食品安全、空气质量和社会治安状况等。现在，“诗人之死”为我们提供了另一种测量的尺度。这既非正面又非反面的尺度也许更值得我们深思。

希尼在中国没有足够的影响。他可能是在中国的地位与在世界上的地位最为悬殊的西方作家。这种悬殊也同样标示了中国与世界之间的距离。是什么造成了这种地位的悬殊？是什么造成了希尼在中国翻译引介的不力？我想，问题也许就出在希尼对语言的极度讲究，以及他写作中浓重的乡土气息。对语言的讲究是所有爱尔兰作家的共同特征，而希尼更是那个群体中的典范。他对语言的讲究要求翻译者有丰富的学养，而他作品中的乡土气息又要求翻译者有广阔天地的生活经验。这两种互相排斥的力量被希尼的写作结合得天衣无缝。可是，有哪一位翻译者能有如此的天赋？

希尼的文学与我们理解的那种乡土文学相去甚远。他乡而不“土”。他用语言消除了城乡的差别。这是他对文学做出的贡献。乡土文学和城市文学之分其实是庸俗和浅薄的概念游戏。写乡土的文学应该乡而不“土”，写城市的文学应该城而不“市”（不市侩）。毫无疑问，不管来源于何方，所有的文学都应该交汇于人性的深处。

希尼的语言是有根的语言，不仅有自然之根，还有传统之根。希尼是一位寻根者。他不断回到英语文学的源头上去寻找语言之根。这种努力在他的文学活动中留下了深刻的痕迹。这可能进一步加深了他的作品翻译的难度。2009年我在麦吉尔大学修过一学期古英语课程。在学期末的时候，我曾经研究过他对古英语史诗*Beowulf*（《贝奥武夫》）的翻译，感觉真是非常震撼。有趣的是，希尼的译本不仅有很高的学术价值，也是英美世界畅销的大众读物。这又暴露出了中国与世界之间的距离：想想看，现在有哪一位中国的著名诗人有兴趣和能力将一部中国的古诗（比如《离骚》）翻译成现代汉语的作品？而这样的译本又有没有可能在中国达到畅销的程度？

这些天来，“诗人之死”留下的语言的“裂口”让我想到了许多的问题。现在我将这些问题写下来，就是希望从此不再受它们的困扰。我决定在每天临睡之前继续翻开*Finders Keepers*。我决定依次一篇篇地读下去，直到读完所有的篇目。我知道只有专注的阅读才可以迅速缩短我们与世界之间的距离，可以让世界近在咫尺。

每一个句子都是一束“带纹理的光线”，让我们顺着那变化莫测的指引，走进诗人不朽的世界吧。

“村姑”的文学道路

“村姑”是出现在我“深圳人”系列小说集中的一位加拿大女性人物。我曾经与人物的原型在一次始于多伦多的旅途中相遇。我们谈起了文学，我们谈起了门罗。那时候，门罗对中国的读者还“不存在”，因为她还没有得过诺贝尔文学奖。我和我人物的原型对门罗的作品有许多的共识。我们都是她的铁杆粉丝。在我的想象中，在安大略省的一个偏僻角落里长大的门罗也会像我人物的原型一样自称是“村姑”。这种想象为我的这篇短文提供了题目和思路。

门罗是当今世界上极少数坚持“只”用短篇小说这种体裁从事文学创作的作家。她入道不早，但是入道之后的文学道路却一帆风顺。她三十七岁那年才出版第一部短篇小说集。但是，那部处女作一步登天，问鼎加拿大最高的文学奖（总督奖）。她也是唯一三次获得那个奖项的加拿大作家。尽管英语世界的最高文学奖（布克奖）在她七十八岁那年才进账（不仅远远晚于与她齐名的阿特伍德，也晚于名声远在她之下的《少年派的奇幻漂流》的作者），她最后还是成了加拿大历史上第一位诺贝尔文学奖的获得者（如果不算出生于加拿大的美国作家索尔·贝娄的话）。2013年的诺贝尔文学奖无疑是一条最乏味的消息，因为它没有也不会引发任何的争议。我随便扫了一眼《纽约时报》的读者对这条消息的反应，那的确是一片叫好。有读者甚至说出了“诺贝尔文学奖终于又在给文学颁奖了”的话。

门罗的全部作品由十四部短篇小说集构成。这些作品语言细腻、形式精致、内容深刻，在英语世界长年享有盛誉。门罗的写作专注于女性，但是她的视野却极为开阔。这开阔的视野使她本人不愿受“女权主义”的困扰，使她的作品不会受“女性文学”的局限。换句话说，门罗的写作要发现的不是女性的隐私，而是人性的秘密；门罗的写作要捍卫的不是女性的特权，而是人性的尊严。

有人称呼门罗是“我们时代的契诃夫”。从作品的数量和题材的广度上看，这种说法似乎还有点低估了门罗的意思。而更有点不可思议的是，门罗写作的数量没有伤害她写作的质量。她的十四部短篇小说集都保持着极高的水准。她好像从来都写不出差的作品。另外，与契诃夫相比，门罗的作品也更具有“现代性”，她在美学上的追求也更为自觉和大胆。回想起来，门罗可能是西方女性严肃文学作家中学历最低的作家。她没有像上一位（正好是二十年前）的北美女性获奖者托尼·莫里森那样做过顶级出版社的高级编辑和名牌大学的文学教授。她只在普通的大学里读过两年的本科就中断了自己的正规教育。她早恋早婚，远在第一部作品横空出世之前十年，就已经是三个女儿的母亲……但是，门罗的作品中充满了精辟的文学智慧和强烈的美学追求，就好像是出自一位知识女性之手。

这种文学智慧和美学追求来自门罗的直觉和本能。她的字里行间看不到雕琢的痕迹。那些现代小说创作技法就好像是她这位家庭主妇的家务活，她用得“全不费工夫”。毫无疑问，她是现代小说创作技法的受益者。这些技法让门罗能够充分开放叙述的时空。她的短篇小说因此往往会具备长篇小说的容量和分量。

从事出版和写作的人都知道，短篇小说是一种“过时”的体裁，在当今的图书市场上几乎没有市场。而一位加拿大“村姑”却能够几乎是“五十年不变”，逆市而动，用这过时的体裁征服现代的读者。在这一点上只有另一位加拿大女性作家马维斯·伽蓝（Mavis Gallant）可以与她媲美（严格说来，伽蓝应该是门罗“师辈”的人物）。她们都在《纽约客》上发表过上百篇短篇小说。她们都是过去半个世纪里世界上“最伟大的短篇小说家”。有人因此说，2013年的诺贝尔文学奖实际上应该由这两位加拿大女性作家来分享。伽蓝和门罗在短篇小说世界中的成就很可能是“后不见来者”的。她们因“短篇小说”而不朽；她们使“短篇小说”不朽。

门罗的获奖让我想起了上个世纪的那一位也“只”写短篇小说的小说家：据说博尔赫斯晚年的时候对诺贝尔文学奖念念不忘，这被不少人当成是他“俗气”的标志。过去经常听人评说，作为“作家的作家”的博尔赫斯之所以没有像许多崇拜他的作家一样获得最高的文学奖是因为他“只”写短篇小说。现在我们知道那不是理由。获奖需要理由，而没有获奖不需要什么理由。

有意思的是，门罗在获奖之前就已经宣布“退休”。也就是说，我们将没有可能看到一部她戴着诺贝尔文学奖的桂冠写出的作品。耕耘和收获属于不同的季节，只有“村姑”才能够将生活安排得如此简单、如此自然。